M.T.H. Electric Trains Pocket Price Guide

Editor: Kent J. Johnson
Assistant Editor: Linda Wenzel

KALMBACH BOOKS

© 2002 Kalmbach Publishing Co. All rights reserved. No part of this book may be reproduced in any form or by any means, including electronic, photocopying, or recording, or by any information storage system, without written permission of the publisher, except in the case of brief quotations used in critical article and reviews. Published by Kalmbach Publishing Co., 21027 Crossroads Circle, Waukesha, WI 53186.

Second Edition
For more information, visit our website at
http://books.kalmbach.com
Manufactured in the United States of America

This edition involved the participation of many people who generously gave of their time and knowledge. We appreciate their contributions to this publication and to our enjoyment of the hobby.

We are constantly striving to improve Greenberg's Pocket Price Guides. If you find any missing items or detect any misinformation, please write to us. If you have recommendations for improving a listing, we would also like to hear from you. Send comments, new information, or corrections to:

Editor—M.T.H. Electric Trains Pocket Price Guide (10-8802)
Book Division
Kalmbach Publishing Co.
21027 Crossroads Circle
P.O. Box 1612
Waukesha, WI 53187-1612

or via e-mail:
books@kalmbach.com

MTH Trademarks: M.T.H. Electric Trains®, M.T.H.®, Proto-Sound®, ProtoSmoke®, Proto-Coupler®, Proto-Effects™, RailKing®, RailTown™, Tinplate Traditions™, ScaleTrax™, RealTrax™, Z-500™, Z-750™, Z-4000™, Z-4000 Remote Commander™, and the MTH Numbering System and all others indicated throughout this book. DRCU®, ACRU®, QSI® are registered trademarks of QS Industries. Ertl is a registered trademark of Ertl Collectibles. Warner Bros. is a registered trademark of Warner Bros. RealTrax™ layouts created with RR-Track™, which is a registered trademark of R&S Enterprises. Lionel® is the registered trademark of Lionel L.L.C., Chesterfield, Michigan. William Electric Trains™ is the registered trademark of Williams Reproductions.

Cover design: Kristi Ludwig
Book layout: Linda Wenzel

Cover photo: Model no. 20-2223-1 Santa Fe DL-109 diesel locomotive was produced in 2000 and provided here by Jack Sommerfeld

CONTENTS

INTRODUCTION.................................4
- What Products Are Listed 4
- How Products Are Listed 4
- How Product Values Are Listed 4
- How Product Values Are Determined 5
- How to Read This Guide.........................6
- 20 Years of M.T.H. Electric Trains Timeline..........6

ANNUAL MARKET REPORT 8
- ATI Top Ten 8
- ATI Composite Value...........................9
- ATI Composite Trading Ticker 9
- ATI Composite Summary 9
- CTT Market Basket Recap......................10
- The MTH Marketplace 12

PRODUCTS OF DISTINCTION.....................14

SECTION 1: Tinplate Traditions 17

SECTION 2: Premier...........................22

SECTION 3: RailKing 66

SECTION 4: Miscellaneous Parts..................107

SECTION 5: Catalog and Paper 111

GREENBERG SHOWS SCHEDULE 112

INTRODUCTION

What Products Are Listed

This Pocket Price Guide lists the full array of train and toy products that appeared in MTH's principal annual consumer catalogs between 1993 and 2001. This list of items also includes MTH products tentatively planned for production in 2002, but not yet released at the time of publication. Subsequent additions and deletions to the 2002 product line will be reported in the next edition of this pocket guide.

This edition does not attempt to address factory errors that may need further identification. In these cases, where details are missing or doubtful, we ask our readers for information.

How Products Are Listed

This guide is divided into four major sections, each representing a significant type of production: Tinplate Traditions, Premier, RailKing, and Miscellaneous Parts.

Each detailed listing includes a variety of descriptive elements. The manufacturer-assigned catalog number is the first identifying element followed by a text description, then product values, and finally an Active Trading Index® rating. In the first four sections, production is listed *numerically*, using the item's established catalog number.

How Product Values Are Listed

In addition to offering an extensive list of products, we have also suggested fair market values for most items when there has been a sufficient number of reported sales. For these items, we provide two pricing categories: Manufacturer's Suggested Retail Price (MSRP) and Like New.

The MSRP reflects the price established by the manufacturer at the time the item was first issued. Be aware that in some cases the manufacturer has amended the MSRP for subsequent releases of the same product.

We have indicated Like New (showing only the faintest signs of handling and wear) prices in this edition because of the significant portion of items offered in this or even better condition. Generally the prices reported here represent a "ready sale," or the price most likely to effect a quick sale.

We have indicated CP (Current Production) in the value column of some items. These items are now being advertised or manufactured, or they are readily available for purchase from current dealer stock at or near the MSRP.

Items that were cataloged or otherwise advertised, but never produced by the manufacturer, are designated with NM (Not Manufactured) in the value column.

How Product Values Are Determined

The values presented in this Pocket Price Guide are meant to serve only as a guide to collectors. They are an averaged reflection of prices for items bought and sold across the country, and are intended to assist the collector in making informed decisions concerning purchases and sales.

Values listed herein are based on values obtained at train meets held throughout the nation during the Spring and Summer of 2000, and from private transactions reported by members of our nationwide review panel.* Values in your area may be consistent with values published in this guide, or higher or lower, depending upon the relative availability, scarcity, or desirability of a particular item. General economic conditions in your area may also affect values. Even regional preferences for specific roadnames may be a factor.

If you are selling a train to an individual who is planning to resell it—a retailer, for example—you will NOT obtain the values reported in this book. Rather, you may expect to receive about 50 percent of these prices. For your item to be of interest to such a buyer, it must be purchased for considerably less than the price listed here. But if you are dealing one-to-one with another private collector, values may be expected to be more consistent with this guide.

The values quoted in this guide are for the most common variety of each item. Some rare variations may be worth considerably more. For more detailed information about variations, please refer to our comprehensive line of collector guides described at the back of this guide.

WE STRONGLY RECOMMEND THAT NOVICE COLLECTORS SEEK THE ADVICE AND ASSISTANCE OF FRIENDS OR ASSOCIATES WHO HAVE EXPERIENCE IN BUYING, SELLING, AND TRADING TRAINS.

How to Read This Guide

Product Number: The *prefix* of this manufacturer-assigned number distinguishes between the various product lines (e.g., 10-numbers designate Tinplate Traditions, 20-numbers designate Premier line, 30-numbers designate RailKing line, etc.). The *suffix* of this number designates the features included with the various locomotive types and are typically used as follows: **0:** 3-rail locomotives originally produced with Traditional (Tinplate) features, or a horn/whistle (Premier), or Loco-Sound™ (RailKing); **1:** 3-rail locomotives originally produced Contemporary (Tinplate) features, or Proto-Sound® (Premier and RailKing); **2:** 2-rail locomotives (Premier); **3:** 3-rail locomotive non-powered B units or Switcher calf units (Premier and RailKing); **4:** 3-rail locomotive powered B units; **5:** 2-rail powered B units.

20-2067-0 BN GP30 Diesel Locomotive, *95*

Description: The text description of most items identifies the railroad name, equipment type, and year the item was first cataloged. When appropriate other unique attributes such as freight car loads, color, or construction material are also indicated in this description.

20 Years of M.T.H. Electric Trains

1980
Mike Wolf forms Mike's Train House to distribute Williams Electric Trains.

1985
Samhongsa in Korea begins producing Mike's Train House reproductions of 200-series cars and the no. 400E steam locomotive.

1987
Lionel Trains, Inc., works in conjunction with Mike's Train House to produce Lionel Classics series items and high-end Collector line products.

1980 1981 1982 1983 1984 **1985** 1986 1987 1989 **1990**

Condition: The items listed in this guide are usually classified by condition relating to appearance. The following definitions apply for this guide: **LN** (Like New): items showing only the faintest signs of handling or wear, and complete with original packaging; **MSRP:** Manufacturer's Suggested Retail Price; **Cond/$:** column for noting the condition and your cost in acquiring the item; **CP** (Current Production): item is now being advertised, manufactured, or is only recently available for retail; **NM** (Not Manufactured): item may have been cataloged or otherwise advertised, but was not produced.

MSRP	LN	Cond/$
279	320	____ 1

Active Trading Index® (ATI): The Active Trading Index is a measurement of how often a particular item is offered for sale on the open market. This index is based on a five-point scale: an ATI rating of "5" indicates that an item has appeared for sale in various advertisements, lists, and at shows/auctions with a frequency that places it in the top 20% of all toy trains. To borrow a little terminology from the stock and bond markets, we can say that pieces with an ATI rating of "5" are among the most actively traded. An ATI rating of "4" indicates that the piece was offered for sale less frequently (i.e., in the next 20%), and so on, down to the ATI rating of "1."

1993

Mike's Train House works independently of Lionel to launch a new line of scale-length, O gauge products, lead by a GE Dash 8-40 diesel locomotive.

1995

Mike's Train House introduces the affordable RailKing line of smaller-proportioned, O27 gauge toy trains.

2000

A new century of M.T.H. Electric Trains brings a new, state-of-the-art sound and train control system, ProtoSound 2.0 Digital Command System.

1991 1992 1993 1994 **1995** 1996 1997 1998 1999 **2000**

ANNUAL MARKET REPORT

In this report you'll find a number of features we've devised to help you gather an accurate assessment of the current market for M.T.H. Electric Trains.

The **ATI Top Ten** list ranks the ten MTH products most often reported for sale on the open market. Whether you're buying or selling, these lists will help you see what items hold the most competitive positions. Additionally, the **ATI Composite Value**, **ATI Composite Trading Ticker,** and **ATI Composite Summary** tables help you evaluate the direction of product values in the overall market by tracking the annual conglomerate value of a selected set of common and/or actively traded items.

With the growing popularity of on-line auctions, you'll certainly want to read through the **CTT Market Basket Recap** for review and analysis of both conventional and on-line auction prices. And to wrap up the report, we've included **The MTH Marketplace** segment to bring you dealer's feedback and comments regarding the latest product offerings and announcements.

ATI Top Ten

			MSRP	LN	Cond/$
1.	20-3023-1	WVP&P 4-Truck Shay Steam Locomotive, 97	1095	1100	____ 5
2.	30-3036-1	N&W 2-6-6-4 Class A Steam Locomotive, 99	1399	1300	____ 5
3.	30-7628	MTH Auto Carrier Flatcar, 98	55	75	____ 5
4.	20-2185-1	UP Veranda Turbine Locomotive, 98	699	770	____ 4
5.	30-1149-1	PRR 6-8-6 S-2 Turbine Steam Locomotive, 99	429	390	____ 4
6.	20-3021-1	UP 4-8-8-4 Big Boy Steam Locomotive, 97	1395	1750	____ 4
7.	20-2154-1	BNSF SD70MAC Diesel Locomotive, 97	399	320	____ 4
8.	20-3017-1	C&O 2-6-6-6 Allegheny Steam Locomotive, 96	1395	1700	____ 4
9.	20-2124-1	UP Gas Turbine Locomotive, 96	999	1300	____ 3
10.	20-2153-1	AT&SF *El Capitan* Boxed set, 97	939	1200	____ 3

ATI Composite Trading Ticker

```
Catalog No. • Description • High reported price • Low reported
10-1017 Powerhouse $650 • $470 • $590   10-1022 408E Electric $685
EMD Demo GP20 $389 • $199 • $270   20-3002-1 UP 4-6-6-4 Challenger
Pass. set $450 • $250 • $370   30-1108-0 UP 4-6-6-4 Challenger $800
30-9101 Sinclair Gas Station $250 • $120 • $165   40-4000 Z-4000
```

ATI Composite Value

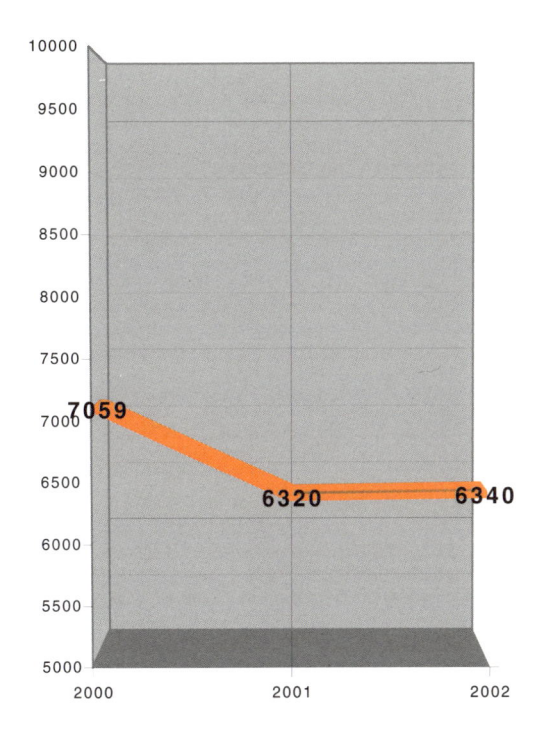

```
2000: 7059
2001: 6320
2002: 6340
```

ATI Composite Summary

	Current	Percentage change from 2001	MSRP
2002 Composite	6,340	0.3%	42.0%
Tinplate	1320	-6.4%	15.0%
Premier	3690	3.5%	66.1%
RailKing	1330	-1.1%	21.4%

price•Current price
•$625•$660 **20-2003-0** BN Dash 8-40C $395•$129•$240 **20-2142-1** Steam Locomotive $2895•$2650•$2800 **20-4007** AT&SF 5-car •$550•$740 **30-2503** SEPTA PCC Street Car $160•$70•$105 Transformer $349•$275•$320 . . . .

9

CTT MARKET BASKET RECAP

Bob Keller regularly reports on the action from the various auction houses in his CTT Market Basket segment of *Classic Toy Trains'* News & Notes column.

Conventional auctions

Because of the relatively short lifespan of the MTH product line, when compared to, say, postwar Lionel goods, there isn't as broad or deep a representation of MTH product in conventional auctions. Most that pop up on this front tend to be higher-end locomotives and matching passenger sets. The auction results that we've seen tend to be at or below retail.

Premier line: Challenger 4-6-6-4, $2,600; F3 EMD ABBA, $1,800; Big Boy, $1,704; D&RG F3 ABA, $1,675; Big Boy, $1,500; clear body GP9, $1,500; DM&IR Yellowstone, $1,395; FEC F3 ABA, $1,375; SP *Daylight*, 4-8-4, $1,026; UP Challenger, $1,025; FEC F3 ABA, $1,000; Big Boy, $1,000; ATSF 4-8-4, $995; Santa Fe F3 ABBA, $900; WVP&P Shay and log cars, $875; NYC J-1e, $860; 840 Power Station, $860; N&W J-class 4-8-4, $850; C&NW E-4 4-6-4, $850; SP Cab-Forward and caboose, $850; Nickel Plate 2-8-4 and 7 cars, $725; PRR Centipede AA, $700; case of 3 Union 76 stations, $360; set of UP 70-foot scale passenger cars, $275; single lot of 16 UP covered hoppers, $250.

RailKing line: Gas Turbine, $875; Challenger, $725; Big Boy, $705; UP 49er engine and cars, $500; UP Big Boy, $500; UP Gas Turbine, $400; UP FEF 4-8-4, $359; NY Transit subway set, $295; TCA Convention Alco PA AA, $220; NYC 0-8-0, $210; N&W 0-8-0, $200; New York Transit subway set, $200; Amtrak Genesis starter set, $150; Amtrak Genesis starter set, $110; SEPTA PCC car, $80; TCA Convention Alco PB, $70.

Internet

If you are trying to buy or sell MTH trains, there may be no other 24/7 source of near-instant gratification than internet-based auctions such as eBay, Collectorauctions.com, or TrainCity's Choochooauctions.com

In some cases the bidding will be hot and heavy for choice collector items, while in other cases there may be just a few people duking it out. As at a conventional auction, you can spend as much or little as you'd like.

Web auction price ranges

After digesting a year's worth of high bid samples on the web, we came up with some interesting price ranges for some very desirable MTH products. As with any auction, there are some days that shoppers can score a bargain, while others find the collector side of the house driving the bidding.

Product	High/Low	Average
NYC gold Hudson	$860 to $1,699	$1,070
Y3 (both roads)	$1,600 to $2,225	$1,954
N&W Y6	$1,800 to $2,550	$1,870
UP Big Boy (all versions)	$910 to $1,800	$1,313
Allegheny (both roads)	$1,225 to $1,900	$1,530

Product	High/Low	Average
Challenger (all versions)	$1,725 to $2,605	$2,001
Shay (all versions)	$750 to $1,525	$1,296
DM&IR Yellowstone	$1,025 to $1,299	$1,152
PRR Duplex	$805 to $1,075	$1,152
N&W "A"	$871 to $1,300	$1,045
Southern Pacific GS4	$850 to $1,702	$1,263

Interesting Internet high bids

Premier line: Florida East Coast F3 ABBBA, $1,925; 1999 Dealer Appreciation Big Boy, $1,701; Clinchfield Challenger, $2,427; UP F3 ABA, $1,505; EMD demo F3 ABBA, $1,475; FEC F3 ABA, $1,445; clear body GP9, $1,404; clear body GP9, $1,375; WP F3 ABBA, $1,375; D&RG F3 ABA, $1,325; ATSF 4-8-4 Northern, $1,200; NYC scale Hudson, $1,200; NYC scale Hudson, $1,180; boxed ATSF *El Capitan* set, $1,195; NP F3 ABBA, $1,150; UP Gas Turbine, $1,150; EMD demo F3 ABA, $1,125; *Texas Special* ABBA, $1,125; C&O 4-8-4 and car set, $1,125; N&W J-class and car set, $1,125; scale Hudson, $1,085; C&NW E-4 Hudson set, $1,075; *Texas Special* F3 ABBA and 5 cars, $1,062; UP PA ABA, $1,045; ATSF F3 El Capitan F3 ABBA, $1,026; NYC scale Hudson 4-6-4, $1,025; NYC scale Hudson, $1,025; NYC Hudson, $1,020; C&NW E-4 Hudson set, $1,009; W P F3 ABBBA, $1,000; PRR K4, $1,000; NYC *Empire State Express* Hudson, $1,000; N&W J and 8 cars, $1,000; ATSF Northern, $960; Northern Pacific F3 ABA, $937; Santa Fe 4-8-4, $910; ATSF Santa Fe 4-8-4, $ 901; NKP Berkshire, $899; C&O M1 Turbine, $899; NKP Berkshire, $835; PRR Centipede, $735; PRR Centipede, $670; PRR Centipede, $650; UP DD40AX, $625; C&O M1 Turbine, $609; UP E8 ABA, $600; EMD demo E8 ABA, $588; PRR Centipede, $540; NYC GP9, $299.

RailKing line: Case of 3 RK 6-8-6 w/PS, $1,150; Millennium GG1 set, $1,000; Big Boy and auxiliary tender, $1,000; ATSF Blue Goose and 6 cars, $840; SP Cab-Forward, $810; Big Boy, $760; UP Big Boy, $730; UP Challenger, $710; Allegheny, $630; N&W J with Lionel car set, $625; Challenger, $620; N&W Y6b, $575; UP Big Boy, $575; Nabisco GS4 and Nabisco boxcar, $560; UP Gas Turbine and 6 cars, $550; UP Big Boy, $535; N&W Y6b, $510; SP Cab-Forward, $510; N&W Y6b, $500; ATSF Blue Goose Northern, $450; PRR USRA 2-8-8-2, $449; NP USRA 2-8-8-2, $445; UP Big Boy, $405; PRR USRA 2-8-8-2, $391; CP Royal Hudson, $389; UP Northern, $360; ATSF Blue Goose and cars, $355; N&W Y6b, $355; CB&Q *Zephyr*, $340; CP *Royal Hudson*, $331; C&O Hudson, $329; Wabash Hudson, $325; PRR M1a, $315.

Tinplate Traditions: Presidential set, $1,995; *Blue Comet* set, $1,925; *Blue Comet* set, $1,725; Millennium Presidential set, $1,600; Millennium Presidential set, $1,557; Ives Circus set, $1,500; State set, $1,500; Ives Circus set, $1,499; State set, $1,427; no. 381 and State car set, $1,425; Ives Circus set, $1,400; Presidential passenger set, $1,325; State set, $1,225; Stephen Girard set, $1,150; State set, $1,050; *Blue Comet* set, $1,050; Ives steamer and circus cars, $1,025; SP Cab-Forward, $1,000; Millennium Presidential set, $930; *Blue Comet* set, $900; *Blue Comet* set, $920; no 9 and matching cars, $900; Stephen Girard set, $825; *Blue Comet* set, $807; set of 4 green State cars, $760; 263E *Blue Comet*, $726.

The MTH Marketplace

By Bob Keller

To call the marketplace "soft" might be an understatement.

From the perspective of many retailers, years of significant production totals by all manufacturers and duplication of many specific models has resulted in a substantial backlog of inventory on retailer shelves. Proverbial "blow-out" prices are often being seen as retailers slash sticker prices to meet onrushing bills.

Many hobbyists are beginning to voice a point of view that could be only seen as unhealthy for the hobby: "Why order early from my dealer now when I can wait a year and get it for a whole lot less?"

While this might make sense, if a majority of hobbyists stop supporting their local retailers, the opposite may occur. What is more likely to happen is that retailers will order even less inventory beyond what is ordered early, creating greater scarcity of even common items and driving prices upwards into a seller's market. Like victims in a pyramid scheme, those last in signing on may get to pay more then they bargained for to equip their layouts.

Where MTH is heading in 2001

Technology is the key with the introduction of ProtoSound 2.0, the firm's Digital Control system (DCS), and PS2's younger cousin, LocoSound. The entry of MTH into large scale has also made things very exciting.

Technical problems resulted in a long delay for delivery of controllers for the DCS system. The control system promises a variety of innovative control options, as well as the ability to direct Lionel TrainMaster-equipped locomotives while in the command mode.

The arrival of the first wave of LocoSound and ProtoSound 2.0 engines and starter sets began before Christmas 2000, much to the relief of retailers. LocoSounds offered a nice basic sound package without any confusing control options and a nifty "cruise control" feature. The starter sets so equipped also offered the prospect of playing holiday music through the train itself. Even without the means to access programming controls, the ProtoSound 2.0 system was audibly a step above earlier ProtoSound versions.

As this system matures, MTH will have a system that may be a serious rival for Lionel RailSounds and TrainMaster systems.

The firm's entry into large scale set off a wave of excitement not just in the garden railway crowd but for many O gaugers who, for the first time, began to contemplate a gargantuan railroad powered by monster engines made with MTH's proven detail and quality.

2001 catalogs

The 2001 catalogs still offer a terrific variety of engines, rolling stock, structures, and accessories. The catalogs also seem to suggest that the product line is maturing, allowing exploration into road names and paint schemes that might not have universal recognition beyond home road territory.

Starter sets include trains such as the Jersey Central's *Blue Comet* and an Amtrak F59PH outfit. Also offered are updates of sets offered previously, such as the McDonalds set with a Genesis diesel (rather than F40), the New York Central set with a 4-6-0 (instead of a 2-6-0), and a Christmas set with a 4-6-0 replacing the earlier Mogul. U.S. Army and Alaska Railroad sets are offbeat, but they should find an enthusiastic following.

My Premier line picks as "most interesting" offerings are: the Canadian Pacific U1F 4-8-2 Mountain (other than Weaver's Canadian Pacific *Royal Hudson*, it may be the first big Canadian steamer offered in scale) the Santa Fe 2-10-4 Texas, PRR H10s 2-8-0 Consolidation, Baldwin Shark diesels, and the M-10000 streamliner. Off-the-wall, but historically notable, is the Lima-Hamilton 2,500-hp transfer engine. When did you ever think you'd see this Lima in O gauge?

My RailKing favorites include the Union Pacific Challenger, dusted off and ready to go head-to-head with the LionMaster Challenger. Interesting first-time additions to the line include a Pennsy 2-10-0 and Pennsy *Aerotrain*. As for rolling stock, I though that the heavy-duty snowplow (a gondola with a plow affixed to it) was an innovative car. The operating helicopter car and dump cars are sure to create some trackside fun.

RailTown buildings that will catch the eye include the Myersville Station, Greyhound Bus Station, and Railtown Theater. Operating accessories to watch are the Flyeresque Gabe the Lamplighter and no. 787 operating log loaders.

The Tinplate Traditions: Just call this product line *Standard Gauge: The Next Generation*. Its clever and innovative products are breathing new life into a long-dormant gauge. MTH's 400AE is a homespun 2-6-6-2 that may give new meaning to the expression "get ready to rumble." When joined with the cataloged Ives 3243R electric and 3245 Olympian, Standard gaugers may have more pulling power than a room full of Voltamp engines! The line also catalogs a repro of the MTH 400E. This steamer is, perhaps, the best engine for a modern era enthusiast who wants to jump into Standard gauge operations. The addition of new switches to the track line, and great-running "heavy metal" will do more to expand the Standard gauge market than a two-for-one sale on rolling stock!

PRODUCTS OF DISTINCTION

The variety and depth of production of equipment by M.T.H. Electric Trains is already tough to assess. The toy train market has never before seen the quantity and quality of production as it has witnessed since Mike Wolf and his friends ceased just retailing trains and began designing and importing trains on a vast scale. Here are some of the more notable products that we've seen.

Premier Line

Premier Line Pennsylvania Railroad T1 Duplex Drive no. 4-4-4-4 20-3043-2, $1,299

Any fan of Buck Rogers, Flash Gordon, or any "future as seen from the past" book or movie will love this engine. It looks sleek enough to set the air on fire as it slices past you! The MTH model meticulously re-creates one of the first two prototypes (and the only two with full streamlining) and delivers top-drawer performance.

Premier Line New York Central P2 Electric no. 20-5507-1, $599.95

An unheralded electric locomotive got special treatment from MTH with an exceptional level of detail and a die-cast metal shell. While not designed as a racehorse, this electric can really sprint. The clatter as it rumbles through switches is a wonder!

Premier Line General Electric F59 diesel no. 20-2213-1, $329.95

The F59 is Amtrak's second-generation power, replacing the F40s that in turn bumped the firm's heritage E-units. This is about as "today" as model railroading gets. Featuring decent sound, great styling, and the power to pull out tree stumps, you may want to leave your passengers at the depot and hook this baby up to a coal train! Attention, Amtrak regional fans: more road name variations are on the way.

Premier Line New York Central Dreyfuss Hudson 4-6-4
no. 20-3045-1, $899.95

Even people who know nothing of the New York Central recognize the face of the Dreyfuss Hudson. It has adorned stamps, Broadway musical sets, and even a few record album jackets. The latest MTH version of this truly classic locomotive is a real workhorse, and the ProtoSound 2.0 makes it sound terrific. It is as dazzling on bookshelf as it is on the layout.

Premier line Scale Rectifier
no. 20-5508-1, $329.95

Called "the Brick" by crews and fans, the Rectifier was made in limited numbers for the New Haven. In the postwar and modern eras there has been an explosion of Rectifiers, and I'll dub this one "King of the Bricks." Well detailed and nicely decorated, it could meet all freight and passenger assignments we gave it. Even folks modeling Western railroads might wish that more railroads ran the Brick so they could justify having one on their pike.

RailKing Line

RailKing Burlington Route *Pioneer Zephyr* no. 30-2186-1, $379.95

If you don't want to spend a fortune to get a prewar *Zephyr* with so-so detailing, boy, does RailKing have a train for you. The plastic body has more detailing than prewar toy train toolmakers would have thought possible and a good sound system. Even at slow speeds, you'll seem to catch a breeze as the sleek body whooshes past. I wish that I had a 50-foot straightaway so that I could have really speed-tested this baby! MTH gets two thumbs up for trying something really different and getting it right.

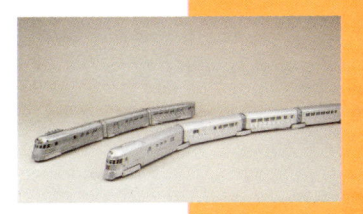

MTH Transport Flatcar w/Operating Helicopter no. 30-7658, $59.95

The operating helicopter car proves that postwar product developers weren't the only guys with great operating car ideas. With an onboard electric motor, this car can really build up some torque so that when you hit the release button, you can launch a helicopter up to interior ceiling height. Watch out—the plastic rotors may give you a close shave if you stand too close. This is fun railroading!

Christmas Starter Set w/LocoSound no. 30-4033-0, $229.95

I'm not a big fan of gimmicky, sometimes gaudy holiday sets. This one surprised me. It comes with one of my favorite RailKing engines, the Pennsy 2-8-0, some arguably collectible MTH ornaments, and some skillfully decorated rolling stock. What was beneath the hood was what counted—the LocoSound system, which is a vast improvement over similar entry-level ProtoSound packages. Coolest of all, it comes with a tape player, music cassette, and track adapter that allows you to play the tunes of your choice through the locomotive tender. If this doesn't cause some holiday wackiness, nothing will. This outfit was "priced to move" and boy, did it! Let's hope that the 2001 set lives up to the no-holds-bared fun of the 2000 outfit.

RailKing S2 Turbine no. 30-1149-1, $399.95

This isn't a repro of the postwar Lionel Turbine, nor is it the "bantam" Turbine also featured in the RailKing line. This is the postwar model all grown up and dressed to kill. Nine pound of fightin' steam power that will make your postwar locos order the Charles Atlas body development program! The drivers may have been a bit small, but this RailKing engine may come closer to matching "the real thing" than any other entrant in the line, and the performance it delivered was outstanding.

MSRP LN Cond/$

Section 1
TINPLATE TRADITIONS

		MSRP	LN	Cond/$
10-200	#200 Turntable, *99*	199	190	___ [1]
10-201	200 Series Std. Gauge Boxcar, *96*	129	150	___ [1]
10-202	200 Series Std. Gauge Boxcar, *96*	129	150	___ [1]
10-203	200 Series Std. Gauge Cattle Car *96*	129	150	___ [1]
10-204	200 Series Std. Gauge Cattle Car, *96*	129	150	___ [1]
10-205	200 Series Std. Gauge Reefer, *96*	129	150	___ [1]
10-206	200 Series Std. Gauge Reefer, *96*	129	150	___ [1]
10-1015	Hellgate Bridge, *94–99*	499	450	___ [3]
10-1016	Hellgate Bridge, *94–99*	499	405	___ [2]
10-1017	Powerhouse, *95*	549	590	___ [1]
10-1018	Powerhouse, *95*	549	470	___ [1]
10-1021	Lighted Lockon, *96–00*	4	CP	___ [1]
10-1022	408E Electric Locomotive, *96*	599	660	___ [1]
10-1023	408E Electric Locomotive, *96*	599	730	___ [1]
10-1024	#613 4-car Passenger set, *96*	399	475	___ [1]
10-1025	#613 4-car Passenger set, *96*	399	395	___ [1]
10-1037	O Gauge Track Activation Device (TAD), *96–00*	9	CP	___ [1]
10-1038	Std. Gauge Track, Reg. Straight, *96–01*	4	CP	___ [1]
10-1039	Std. Gauge Track, Reg. Curved, *98–01*	4	CP	___ [1]
10-1040	Std. Gauge Track, Wide Radius Straight, *96–01*	4	CP	___ [1]
10-1041	Std. Gauge Track, Wide Radius Curve, *96–01*	4	CP	___ [1]
10-1042	800 Series 4-car Freight set, *96*	249	250	___ [1]
10-1043	#94 High-Tension Tower set, *96*	129	130	___ [1]
10-1044	#92 Floodlight Tower set, *96*	129	150	___ [1]
10-1046	#79 Operating Crossing Signal, *97*	49	46	___ [1]
10-1047	#80 Operating Semaphore, *97*	49	45	___ [1]
10-1048	#99 Operating Block Signal, *97*	49	43	___ [1]
10-1049	#438 Signal Tower, *97*	99	165	___ [1]
10-1050	200 Series Std. Gauge Tank Car, *97*	129	195	___ [1]
10-1051	200 Series Std. Gauge Tank Car, *97*	129	195	___ [1]
10-1052	200 Series Std. Gauge Hopper, *97*	130	150	___ [1]
10-1053	200 Series Std. Gauge Hopper, *97*	129	135	___ [1]
10-1054	200 Series Std. Gauge Caboose, *97*	130	160	___ [1]
10-1055	200 Series Std. Gauge Caboose, *97*	129	170	___ [1]
10-1057	#155 Freight Shed, *97*	249	250	___ [1]
10-1058	400E Steam Locomotive, Contemp., *97*	799	740	___ [1]
10-1059	400E Steam Locomotive, Trad., *97*	799	790	___ [1]
10-1060	400E Steam Locomotive, Contemp., *97*	799	690	___ [1]
10-1061	400E Steam Locomotive, Trad., *97*	799	720	___ [2]
10-1062-0	263 Steam Locomotive and Tender, *98*	399	450	___ [1]
10-1062-1	263 Steam Locomotive, Contemp., *98*	399	570	___ [1]
10-1063-0	263 Steam Locomotive and Tender, Trad., *98*	399	340	___ [1]
10-1063-1	263 Steam Locomotive and Tender, Contemp., *98*	399	530	___ [1]

TINPLATE TRADITIONS • 10-1064 – 10-1105-0 MSRP LN Cond/$

10-1064	#613 4-car Passenger set, *98*	399	385	___[1]
10-1065	#613 4-car Passenger set, *98*	399	390	___[1]
10-1066-0	9E Electric Locomotive Trad., *98*	499	475	___[1]
10-1066-1	9E Electric Locomotive, Contemp., *98*	499	560	___[1]
10-1067-0	9E Electric Locomotive Trad., *98*	495	425	___[1]
10-1067-1	9E Electric Locomotive, Contemp., *98*	499	415	___[1]
10-1068	4-car *Stephen Girard* set, *98*	599	560	___[1]
10-1069	#441 Weigh Scale, *98*	299	275	___[3]
10-1070	#116 Passenger Station, *98*	299	410	___[1]
10-1071	200 Series Std. Gauge Flatcar, *98*	99	115	___[1]
10-1072	200 Series Std. Gauge Flatcar, *98*	99	100	___[1]
10-1073	200 Series Std. Gauge Gondola, *98*	139	170	___[1]
10-1074	200 Series Std. Gauge Gondola, *98*	139	150	___[1]
10-1075	200 Series Std. Gauge Searchlight Car, *98*	139	185	___[1]
10-1076	200 Series Std. Gauge Searchlight Car, *98*	139	145	___[1]
10-1077-0	381 Locomotive, Trad., *98*	600	810	___[1]
10-1077-1	381 Locomotive, Contemp., *98*	600	600	___[1]
10-1078	4-car Std. Gauge State set, *98*	1499	1400	___[1]
10-1079	Std. Gauge State Car, *98*	399	400	___[1]
10-1080	#436 Powerhouse, *98*	129	135	___[1]
10-1081	200 Series Std. Gauge Crane Car, *98*	199	150	___[1]
10-1082	200 Series Std. Gauge Crane Car, *98*	199	170	___[1]
10-1083	200 Series Std. Gauge Dump Car, *98*	139	130	___[1]
10-1084	200 Series Std. Gauge Dump Car, *98*	139	130	___[1]
10-1085	500 Series Std. Gauge Boxcar, *98*	119	90	___[1]
10-1086	500 Series Std. Gauge Boxcar, *98*	119	90	___[1]
10-1087	500 Series Std. Gauge Cattle Car, *98*	119	105	___[1]
10-1088	500 Series Std. Gauge Cattle Car, *98*	119	105	___[1]
10-1089	500 Series Std. Gauge Reefer Car, *98*	119	90	___[1]
10-1090	500 Series Std. Gauge Reefer Car, *98*	119	100	___[1]
10-1091-0	392E Steam Locomotive and Tender, Trad., *98*	699	710	___[1]
10-1091-1	392E Steam Locomotive and Tender, Contemp., *98*	699	600	___[1]
10-1092-0	392E Steam Locomotive and Tender, Trad., *98*	699	700	___[1]
10-1092-1	392E Steam Locomotive and Tender, Contemp., *98*	699	680	___[1]
10-1093	#71 Telegraph Post set, *99–00*	49	42	___[1]
10-1094	#71 Telegraph Post set, *99–00*	49	42	___[1]
10-1095	#67 Lamp Post set, *99–00*	39	35	___[1]
10-1096	#87 Railroad Crossing Signal, *99–00*	39	31	___[1]
10-1097	#78 Std. Gauge Block Signal, *99–00*	59	50	___[1]
10-1098	500 Series Std. Gauge Caboose, *99*	119	100	___[1]
10-1099	500 Series Std. Gauge Caboose, *99*	119	90	___[1]
10-1100	500 Series Std. Gauge Hopper, *99*	119	100	___[1]
10-1101	500 Series Std. Gauge Hopper, *99*	119	90	___[1]
10-1102	500 Series Std. Gauge Tank Car, *99*	119	90	___[1]
10-1103	500 Series Std. Gauge Tank Car, *99*	119	105	___[1]
10-1104-0	9E Electric Locomotive Trad., *99*	549	470	___[1]
10-1104-1	9E Electric Locomotive, Contemp., *99*	549	465	___[1]
10-1105-0	9E Electric Locomotive Trad., *99*	549	450	___[1]

TINPLATE TRADITIONS • 10-1105-1 – 10-1140

No.	Description	MSRP	LN	Cond/$
10-1105-1	9E Electric Locomotive, Contemp., *99*	549	530	___ [1]
10-1106	#418 4-car Std. Gauge set, *99*	599	690	___ [1]
10-1107	#418 4-car Std. Gauge set, *99*	599	510	___ [1]
10-1108	#63 Lamp Post set, *99–00*	39	34	___ [1]
10-1109	200 Series Boxcar, *99*	129	125	___ [1]
10-1110	#192 Villa set, *99*	199	180	___ [2]
10-1111	#444 Roundhouse Section, *99*	499	570	___ [1]
10-1112-0	400E Steam Locomotive, Trad., *99*	799	800	___ [1]
10-1112-1	400E Steam Locomotive, Contemp., *99*	799	800	___ [1]
10-1113-0	400E Steam Locomotive, Trad., *99*	799	760	___ [1]
10-1113-1	400E Steam Locomotive, Contemp., *99*	799	800	___ [1]
10-1114	4-car Std. Gauge Blue Comet set, *99*	1199	1350	___ [1]
10-1115	500 Series O Gauge Searchlight Car, *99*	129	70	___ [1]
10-1116	500 Series O Gauge Searchlight Car, *99*	129	110	___ [1]
10-1117	500 Series O Gauge Flatcar, *99*	89	85	___ [1]
10-1118	500 Series O Gauge Flatcar, *99*	89	85	___ [1]
10-1119	500 Series O Gauge Gondola, *99*	89	80	___ [1]
10-1120	500 Series O Gauge Gondola, *99*	89	85	___ [1]
10-1121	#437 Switch Tower, *99*	250	240	___ [1]
10-1122-0	Presidential Passenger set, Trad., *99–00*	1795	1850	___ [1]
10-1122-1	Presidential Passenger set, Contemp., *99–00*	1795	CP	___ [1]
10-1123-1	1134 4-4-2 Ives Steam Locomotive, Trad., *99–00*	899	780	___ [1]
10-1123-1	1134 4-4-2 Ives Steam Locomotive, Contemp., *99–00*	899	850	___ [1]
10-1124	Switch Tower, *98–00*	249	230	___ [1]
10-1025	Ives 6-car Circus set, *98–00*	699	700	___ [1]
10-1125A	Ives Boxcar, *00*	—	CP	___
10-1125B	Ives Stock Car, *00*	—	CP	___
10-1125C	Ives Combine Car, *00*	—	CP	___
10-1125D	Ives Flatcar, *00*	—	CP	___
10-1125E	Ives Flatcar, *00*	—	CP	___
10-1125F	Ives Flatcar, *00*	—	CP	___
10-1126-0	Presidential Loco/Passenger set, Millennium Special, Trad., *99–00*	2795	2750	___ [1]
10-1126-1	Presidential Loco/Passenger set, Millennium Special, Contemp., *99–00*	2795	2700	___ [1]
10-1127	200 Series Std. Gauge Tank Car, *00*	—	150	___ [1]
10-1128	Std. Gauge Presidential Passenger Car set, *00*	—	CP	___
10-1129	500 Series Std. Gauge Ore Car, *00*	99	95	___ [1]
10-1130	200 Series Std. Gauge Ore Car, *00*	119	110	___ [1]
10-1131-0	408E Electric Locomotive, Trad., *00*	899	890	___ [1]
10-1131-1	408E Electric Locomotive, Contemp., *00*	899	890	___ [1]
10-1132-0	408E Electric Locomotive, Trad., *00*	899	890	___ [1]
10-1132-1	408E Electric Locomotive, Contemp., *00*	899	890	___ [1]
10-1135	4-car Std. Gauge State set, *00*	1499	1450	___ [1]
10-1136	Std. Gauge State Car, *00*	399	390	___ [1]
10-1139-0	4694 Steam Locomotive, Trad., *00*	899	890	___ [1]
10-1139-1	4694 Steam Locomotive, Contemp., *00*	899	890	___ [1]
10-1140	#4018 Automobile Car, *00*	129	120	___ [1]

TINPLATE TRADITIONS • 10-1141 – 10-2002   MSRP   LN   Cond/$

Item	Description	MSRP	LN	Cond/$
10-1141	#4020 Stock Car, *00*	129	120	____1
10-1142	#4010 Tank Car, *00*	129	120	____1
10-1143-0	1134 Ives Steam Locomotive, Traditional, *00*	899	890	____1
10-1143-1	1134 Ives Steam Locomotive, Contemporary, *00*	899	890	____1
10-1144	Ives 4-car 240 Series Passenger set, *00*	599	670	____1
10-1145	Maroon 500 Series Std. Gauge Ore Car, *00*	99	95	____1
10-1146	Green 200 Series Std. Gauge Ore Car, *00*	119	110	____1
10-1148	200 Series Std. Gauge Flatcar, Maroon w/ Brass Trim, *01*	119	CP	____1
10-1149	200 Series Std. Gauge Flatcar, Black w/ Nickel Trim, *01*	119	CP	____1
10-1150	Undefined Hopper Car, *01*	129	CP	____1
10-1151	Undefined Sand Car, *01*	129	CP	____1
10-1152	Undefined Caboose, *01*	129	CP	____1
10-1153-0	400E Tinplate Steam Engine, Traditional Blue w/ Nickel Trim, *01*	799	CP	____1
10-1153-1	400E Tinplate Steam Engine, Contemporary Blue w/ Nickel Trim , *01*	799	CP	____1
10-1154-0	400E Tinplate Steam Engine, Traditonal Gray w/ Brass Trim, *01*	799	CP	____1
10-1154-1	400E Tinplate Steam Engine, Contemporary Gray w/ Brass Trim, *01*	799	CP	____1
10-1155-0	3243R Electric Passenger set, Traditional White, *01*	1499	CP	____1
10-1155-1	3243R Electric Passenger set, Contemporary White, *01*	1499	CP	____1
10-1156-0	3243R Electric Passenger set, Traditional Orange, *01*	1499	CP	____1
10-1156-1	3243R Electric Passenger set, Contemporary Orange, *01*	1499	CP	____1
10-1157	4-car Std. Gauge Blue Comet set, Blue w/ Nickel Trim , *01*	1199	CP	____1
10-1160	#165 Magnetic Crane, silver/green, *01*	299	CP	____1
10-1161	500 Series Std. Gauge Flatcar, Black w/ Brass Trim, *01*	109	CP	____1
10-1162	500 Series Std. Gauge Flatcar, Black w/ Nickel Trim, *01*	109	CP	____1
10-1163	200 Series Std. Gauge Flatcar MTHRRC, *01*	129	CP	____1
10-1164-0	MILW 3245 Olympian Electric Engine Passenger set, Traditional, *01*	1795	CP	____1
10-1164-1	MILW 3245 Olympian Electric Engine Passenger set, Contemporary, *01*	1795	CP	____1
10-1165-1	400AE Articulated Tinplate Steam Engine w/ Nickel Trim, *01*	999	CP	____1
10-1166-1	400AE Articulated Tinplate Steam Engine w/ Brass Trim, *01*	999	CP	____1
10-2002	200 Series Std. Gauge Work Caboose Pea Green w/ Nickel Trim, *01*	139	CP	____1

TINPLATE TRADITIONS • 10-2003 – 10-5006   MSRP   LN   Cond/$

Item	Description	MSRP	LN	Cond/$
10-2003	200 Series Std. Gauge Work Caboose Maroon w/ Brass Trim, *01*	139	CP	___[1]
10-2004	500 Series Std. Gauge Work Caboose Red w/ Nickel Trim, *01*	129	CP	___[1]
10-2005	500 Series Std. Gauge Work Caboose Dark Green w/ Brass Trim, *01*	129	CP	___[1]
10-2006	500 Series Std. Gauge Crane Car Yellow w/ Nickel Trim, *01*	189	CP	___[1]
10-2007	500 Series Std. Gauge Crane Car, Black w/ Brass Trim, *01*	189	CP	___[1]
10-3001-0	260E Steam Locomotive, Trad., *99*	399	370	___[1]
10-3001-1	260E Steam Locomotive, Contemp., *99*	429	380	___[1]
10-3002-0	260E Steam Locomotive, Trad., *99*	399	380	___[1]
10-3002-1	260E Steam Locomotive, Contemp., *99*	429	360	___[1]
10-3003	800 Series O Gauge Boxcar, *99*	79	70	___[1]
10-3004	800 Series O Gauge Caboose, *99*	89	80	___[1]
10-3005	800 Series O Gauge Cattle Car, *99*	79	70	___[1]
10-3006	800 Series O Gauge Gondola Car, *99*	69	50	___[1]
10-3007	800 Series O Gauge Hopper, *99*	79	70	___[1]
10-3008	800 Series O Gauge Reefer Car, *99*	79	70	___[1]
10-4001	Std. Gauge 42" Switch Right Hand, *99–00*	79	CP	___[1]
10-4002	Std. Gauge 42" Switch Left Hand, *99–00*	79	CP	___[1]
10-4003	Std. Gauge 72" Switch (Wide Radius) Right Hand, *99–00*	89	CP	___[1]
10-4004	Std. Gauge 72" Switch (Wide Radius) Left Hand, *99–00*	89	CP	___[1]
10-4005	Std. Gauge Track Bumpers, *01*	49	CP	___[1]
10-4006	Std. Gauge 90 degree Crossover, *01*	49	CP	___[1]
10-4007	Undecorated Wine Barrel set, *00*	19	CP	___[1]
10-4008	Undecorated Oil Drum set, *00*	19	CP	___[1]
10-4009	Cream/Orange No. 191 Villa, *01*	69	CP	___[1]
10-4010	White/Green No. 189 Villa, *01*	69	CP	___[1]
10-4012	#94 High-Tension Tower set, *01*	59	CP	___[1]
10-4013	#92 Floodlight Tower set, *01*	129	CP	___[1]
10-4016	#550 Railroad Figure set, *01*	79	CP	___[1]
10-5001	Std. Gauge State Car Michigan, *01*	399	CP	___[1]
10-5002	Std. Gauge State Car PRR, *01*	399	CP	___[1]
10-5003	Std. Gauge State Car New Jersey, *01*	399	CP	___[1]
10-5004	Std. Gauge State Car Michigan, *01*	399	CP	___[1]
10-5005	Std. Gauge State Car PRR, *01*	399	CP	___[1]
10-5006	Std. Gauge State Car New Jersey, *01*	399	CP	___[1]

		MSRP	LN	Cond/$

Section 2
PREMIER

		MSRP	LN	Cond/$
20-Z2000	Transformer, *95*	200	200	1
20-2001-0	UP Dash 8 Diesel Locomotive, 3-Rail w/ Horn, *93*	249	380	1
20-2001-2	UP Dash 8 Diesel Locomotive, 2-Rail, *93*	249	300	1
20-2002-0	NS Dash 8 Diesel Locomotive, 3-Rail w/ Horn, *93*	249	300	1
20-2002-2	NS Dash 8 Diesel Locomotive, 2-Rail, *93*	249	250	1
20-2003-0	BN Dash 8 Diesel Locomotive, 3-Rail w/ Horn, *93*	249	240	2
20-2003-2	BN Dash 8 Diesel Locomotive, 2-Rail, *93*	249	250	1
20-2004-0	Conrail Dash 8 Diesel Locomotive, 3-Rail w/ Horn, *93*	249	285	1
20-2004-2	Conrail Dash 8 Diesel Locomotive, 2-Rail, *93*	249	250	1
20-2005-0	C&NW Dash 8 Diesel Locomotive, 3-Rail w/ Horn, *93*	249	390	1
20-2005-2	C&NW Dash 8 Diesel Locomotive, 2-Rail, *93*	249	300	1
20-2006-0	CSX Dash 8 Diesel Locomotive, 3-Rail w/ Horn, *93*	249	380	1
20-2006-2	CSX Dash 8 Diesel Locomotive, 2-Rail, *93*	249	425	1
20-2007-0	Amtrak Dash 8 Diesel Locomotive, 3-Rail w/ Horn, *93*	249	385	1
20-2007-2	Amtrak Dash 8 Diesel Locomotive, 2-Rail, *93*	249	300	1
20-2008-0	AT&SF Dash 8 Diesel Locomotive, 3-Rail w/ Horn, *93*	249	475	1
20-2008-2	AT&SF Dash 8 Diesel Locomotive, 2-Rail, *93*	249	300	1
20-2009	AT&SF Dash 8 40-B, silver/red, *93*	249	500	1
20-2010-0	BN C30-7 Diesel Locomotive, 3-Rail w/ Horn, *94*	279	340	1
20-2010-1	BN C30-7 Diesel Locomotive w/ Proto-Sound, *94*	349	405	1
20-2010-2	BN C30-7 Diesel Locomotive, 2-Rail, *94*	279	400	1
20-2011-0	Conrail C30-7 Diesel Locomotive, 3-Rail w/ Horn, *94*	279	320	1
20-2011-1	Conrail C30-7 Diesel Locomotive w/ Proto-Sound, *94*	349	290	1
20-2011-2	Conrail C30-7 Diesel Locomotive, 2-Rail, *94*	279	290	1
20-2012-0	CSX C30-7 Diesel Locomotive, 3-Rail w/ Horn, *94*	279	300	1
20-2012-1	CSX C30-7 Diesel Locomotive w/ Proto-Sound, *94*	349	315	1
20-2012-2	CSX C30-7 Diesel Locomotive, 2-Rail, *94*	279	300	1

PREMIER • 20-2013-0 – 20-2022-2   MSRP   LN   Cond/$

		MSRP	LN	Cond/$
20-2013-0	NS C30-7 Diesel Locomotive, 3-Rail w/ Horn, *94*	279	350	___[1]
20-2013-1	NS C30-7 Diesel Locomotive w/ Proto-Sound, *94*	349	425	___[1]
20-2013-2	NS C30-7 Diesel Locomotive, 2-Rail, *94*	279	350	___[1]
20-2014-0	N&W C30-7 Diesel Locomotive, 3-Rail w/ Horn, *94*	279	350	___[1]
20-2014-1	N&W C30-7 Diesel Locomotive w/ Proto-Sound, *94*	349	365	___[1]
20-2014-2	N&W C30-7 Diesel Locomotive, 2-Rail, *94*	279	350	___[1]
20-2015-0	AT&SF C30-7 Diesel Locomotive, 3-Rail w/ Horn, *94*	279	275	___[1]
20-2015-1	AT&SF C30-7 Diesel Locomotive w/ Proto-Sound, *94*	349	360	___[1]
20-2015-2	AT&SF C30-7 Diesel Locomotive, 2-Rail, *94*	279	275	___[1]
20-2016-0	L&N C30-7 Diesel Locomotive, 3-Rail w/ Horn, *94*	279	325	___[1]
20-2016-1	L&N C30-7 Diesel Locomotive w/ Proto-Sound, *94*	349	400	___[1]
20-2016-2	L&N C30-7 Diesel Locomotive, 2-Rail, *94*	279	325	___[1]
20-2017-0	UP C30-7 Diesel Locomotive, 3-Rail w/ Horn, *94*	279	350	___[1]
20-2017-1	UP C30-7 Diesel Locomotive w/ Proto-Sound, *94*	349	425	___[1]
20-2017-2	UP C30-7 Diesel Locomotive, 2-Rail, *94*	279	350	___[1]
20-2018-0	NYC Alco PA AA Diesel set, 3-Rail w/ Horn, *94*	479	600	___[1]
20-2018-1	NYC Alco PA AA Diesel set w/ Proto-Sound, *94*	549	700	___[1]
20-2018-2	NYC Alco PA AA Diesel set, 2-Rail, *94*	479	500	___[1]
20-2019-0	PRR Alco PA AA Diesel set, 3-Rail w/ Horn, *94*	479	600	___[1]
20-2019-1	PRR Alco PA AA Diesel set w/ Proto-Sound, *94*	549	700	___[1]
20-2019-2	PRR Alco PA AA Diesel set, 2-Rail, *94*	479	500	___[1]
20-2020-0	Southern Alco PA AA Diesel set, 3-Rail w/ Horn, *94*	479	570	___[1]
20-2020-1	Southern Alco PA AA Diesel set w/ Proto-Sound, *94*	549	690	___[1]
20-2020-2	Southern Alco PA AA Diesel set, 2-Rail, *94*	479	500	___[1]
20-2021-0	UP Alco PA AA Diesel set, 3-Rail w/ Horn, *94*	479	600	___[1]
20-2021-1	UP Alco PA AA Diesel set w/ Proto-Sound, *94*	549	700	___[1]
20-2021-2	UP Alco PA AA Diesel set, 2-Rail, *94*	479	500	___[1]
20-2022-0	SP Alco PA AA Diesel set, 3-Rail w/ Horn, *94*	479	550	___[1]
20-2022-1	SP Alco PA AA Diesel set w/ Proto-Sound, *94*	549	740	___[1]
20-2022-2	SP Alco PA AA Diesel set, 2-Rail, *94*	479	550	___[1]

PREMIER • 20-2023-0 – 20-2034-2   MSRP   LN   Cond/$

Item	Description	MSRP	LN	Cond/$
20-2023-0	Wabash Alco PA AA Diesel set, 3-Rail w/ Horn, *94*	479	625	____[1]
20-2023-1	Wabash Alco PA AA Diesel set w/ Proto-Sound, *94*	549	700	____[1]
20-2023-2	Wabash Alco PA AA Diesel set, 2-Rail, *94*	479	500	____[1]
20-2024-0	AT&SF Alco PA AA Diesel set, 3-Rail w/ Horn, *94*	479	730	____[1]
20-2024-1	AT&SF Alco PA AA Diesel set w/ Proto-Sound, *94*	549	800	____[1]
20-2024-2	AT&SF Alco PA AA Diesel set, 2-Rail, *94*	479	600	____[1]
20-2025-0	NYC Alco PA B Unit, *94*	159	225	____[1]
20-2025-2	NYC Alco PA B Unit, 2-Rail, *94*	159	225	____[1]
20-2025-3	NYC Alco PA Powered B Unit, *00*	229	CP	____[1]
20-2025-5	NYC Alco PA Powered B Unit, 2-Rail, *00*	229	CP	____[1]
20-2026-0	PRR Alco PA B Unit, *94*	159	225	____[1]
20-2026-2	PRR Alco PA B Unit, 2-Rail, *94*	159	225	____[1]
20-2026-3	PRR Alco PA Powered B Unit, *00*	229	CP	____[1]
20-2026-5	PRR Alco PA Powered B Unit, 2-Rail, *00*	229	CP	____[1]
20-2027-0	Southern Alco PA B Unit, *94*	159	200	____[1]
20-2027-2	Southern Alco PA B Unit, 2-Rail, *94*	159	200	____[1]
20-2027-3	Southern Alco PA Powered B Unit, *00*	229	CP	____[1]
20-2027-5	Southern Alco PA Powered B Unit, 2-Rail, *00*	229	CP	____[1]
20-2028-0	UP Alco PA B Unit, *94*	159	225	____[1]
20-2028-2	UP Alco PA B Unit, 2-Rail, *94*	159	225	____[1]
20-2028-3	UP Alco PA Powered B Unit, *00*	229	CP	____[1]
20-2028-5	UP Alco PA Powered B Unit, 2-Rail, *00*	229	CP	____[1]
20-2029-0	SP Alco PA B Unit, *94*	159	200	____[1]
20-2029-2	SP Alco PA B Unit, 2-Rail, *94*	159	200	____[1]
20-2029-3	SP Alco PA Powered B Unit, *00*	229	CP	____[1]
20-2029-5	SP Alco PA Powered B Unit, 2-Rail, *00*	229	CP	____[1]
20-2030-0	Wabash Alco PA B Unit, *94*	159	230	____[1]
20-2030-2	Wabash Alco PA B Unit, 2-Rail, *94*	159	200	____[1]
20-2030-3	Wabash Alco PA Powered B Unit, *00*	229	CP	____[1]
20-2030-5	Wabash Alco PA Powered B Unit, 2-Rail, *00*	229	CP	____[1]
20-2031-0	AT&SF Alco PA B Unit, *94*	159	200	____[1]
20-2031-2	AT&SF Alco PA B Unit, 2-Rail, *94*	159	375	____[1]
20-2031-3	AT&SF Alco PA Powered B Unit, *00*	229	CP	____[1]
20-2031-5	AT&SF Alco PA Powered B Unit, 2-Rail, *00*	229	CP	____[1]
20-2032-0	Erie-Lackawanna Alco PA B Unit, *94*	159	200	____[1]
20-2033-0	NYC GP9 Diesel Locomotive, 3-Rail w/ Horn, *94*	279	340	____[1]
20-2033-1	NYC GP9 Diesel Locomotive w/ Proto-Sound, *94*	349	435	____[1]
20-2033-2	NYC GP9 Diesel Locomotive, 2-Rail, *94*	279	400	____[1]
20-2034-0	B&O GP9 Diesel Locomotive, 3-Rail w/ Horn, *94*	279	450	____[1]
20-2034-1	B&O GP9 Diesel Locomotive w/ Proto-Sound, *94*	349	450	____[1]
20-2034-2	B&O GP9 Diesel Locomotive, 2-Rail, *94*	279	450	____[1]

PREMIER • 20-2035-0 – 20-2044-1

Item	Description	MSRP	LN	Cond/$
20-2035-0	C&NW GP9 Diesel Locomotive, 3-Rail w/ Horn, *94*	279	400	[1]
20-2035-1	C&NW GP9 Diesel Locomotive w/ Proto-Sound, *94*	349	465	[1]
20-2035-2	C&NW GP9 Diesel Locomotive, 2-Rail, *94*	279	400	[1]
20-2036-0	AT&SF GP9 Diesel Locomotive, 3-Rail w/ Horn, *94*	279	300	[1]
20-2036-1	AT&SF GP9 Diesel Locomotive w/ Proto-Sound, *94*	349	350	[1]
20-2036-2	AT&SF GP9 Diesel Locomotive, 2-Rail, *94*	279	345	[1]
20-2037-0	PRR GP9 Diesel Locomotive, 3-Rail w/ Horn, *94*	279	335	[1]
20-2037-1	PRR GP9 Diesel Locomotive w/ Proto-Sound, *94*	349	425	[1]
20-2037-2	PRR GP9 Diesel Locomotive, 2-Rail, *94*	279	350	[1]
20-2038-0	UP GP9 Diesel Locomotive, 3-Rail w/ Horn, *94*	279	350	[1]
20-2038-1	UP GP9 Diesel Locomotive w/ Proto-Sound, *94*	349	425	[1]
20-2038-2	UP GP9 Diesel Locomotive, 2-Rail, *94*	279	350	[1]
20-2039-0	Southern GP9 Diesel Locomotive, 3-Rail w/ Horn, *94*	279	350	[1]
20-2039-1	Southern GP9 Diesel Locomotive w/ Proto-Sound, *94*	349	400	[1]
20-2039-2	Southern GP9 Diesel Locomotive, 2-Rail, *94*	279	350	[1]
20-2040-0	SP GP9 Diesel Locomotive, 3-Rail w/ Horn, *94*	279	400	[1]
20-2040-1	SP GP9 Diesel Locomotive w/ Proto-Sound, *94*	349	405	[1]
20-2040-2	SP GP9 Diesel Locomotive, 2-Rail, *94*	279	400	[1]
20-2041-0	UP SD60M Diesel Locomotive, 3-Rail w/ Horn, *94*	279	290	[1]
20-2041-1	UP SD60M Diesel Locomotive w/ Proto-Sound, *94*	379	390	[1]
20-2041-2	UP SD60M Diesel Locomotive, 2-Rail, *94*	279	400	[1]
20-2042-0	NS SD60M Diesel Locomotive, 3-Rail w/ Horn, *94*	279	400	[1]
20-2042-1	NS SD60M Diesel Locomotive w/ Proto-Sound, *94*	349	450	[1]
20-2042-2	NS SD60M Diesel Locomotive, 2-Rail, *94*	279	400	[1]
20-2043-0	Conrail SD60M Diesel Locomotive, 3-Rail w/ Horn, *94*	279	260	[1]
20-2043-1	Conrail SD60M Diesel Locomotive w/ Proto-Sound, *94*	349	310	[1]
20-2043-2	Conrail SD60M Diesel Locomotive, 2-Rail, *94*	279	300	[1]
20-2044-0	SOO Line SD60M Diesel Locomotive, 3-Rail w/ Horn, *94*	279	345	[1]
20-2044-1	SOO Line SD60M Diesel Locomotive w/ Proto-Sound, *94*	349	350	[1]

PREMIER • 20-2044-2 – 20-2053-3   MSRP   LN   Cond/$

Item	Description	MSRP	LN	Cond/$
20-2044-2	SOO Line SD60M Diesel Locomotive, 2-Rail, *94*	279	275	___ [1]
20-2045-0	BN SD60M Diesel Locomotive, 3-Rail w/ Horn, *94*	279	315	___ [1]
20-2045-1	BN SD60M Diesel Locomotive w/ Proto-Sound, *94*	349	325	___ [1]
20-2045-2	BN SD60M Diesel Locomotive, 2-Rail, *94*	279	300	___ [1]
20-2046-0	CSX SD60M Diesel Locomotive, 3-Rail w/ Horn, *94*	279	320	___ [1]
20-2046-1	CSX SD60M Diesel Locomotive w/ Proto-Sound, *94*	349	340	___ [1]
20-2046-2	CSX SD60M Diesel Locomotive, 2-Rail, *94*	279	300	___ [1]
20-2047-0	C&NW SD60M Diesel Locomotive, 3-Rail w/ Horn, *94*	279	405	___ [1]
20-2047-1	C&NW SD60M Diesel Locomotive w/ Proto-Sound, *94*	349	405	___ [1]
20-2047-2	C&NW SD60M Diesel Locomotive, 2-Rail, *94*	279	400	___ [1]
20-2048-0	CP SD60M Diesel Locomotive, 3-Rail w/ Horn, *94*	279	255	___ [1]
20-2048-1	CP SD60M Diesel Locomotive w/ Proto-Sound, *94*	349	365	___ [1]
20-2048-2	CP SD60M Diesel Locomotive, 2-Rail, *94*	279	350	___ [1]
20-2049-1	GP9 Diesel Locomotive w/ Proto-Sound (Clear Body), *94 u*	349	1200	___ [1]
20-2050-0	B&O F3 AA Diesel set, 3-Rail w/ Horn, *94*	399	1050	___ [1]
20-2050-1	B&O F3 AA Diesel set w/ Proto-Sound, *94*	485	700	___ [1]
20-2050-2	B&O F3 AA Diesel set, 2-Rail, *94*	399	1050	___ [1]
20-2050-3	B&O F3 B-Unit, 3-Rail Powered, *98*	229	345	___ [1]
20-2051-0	D&RGW F3 AA Diesel set, 3-Rail w/ Horn, *94*	399	1300	___ [1]
20-2051-1	D&RGW F3 AA Diesel set w/ Proto-Sound, *94*	485	1400	___ [1]
20-2051-2	D&RGW F3 AA Diesel set, 2-Rail, *94*	399	1300	___ [1]
20-2051-3	D&RGW F3 B-Unit, 3-Rail Powered, *98*	229	345	___ [1]
20-2052-0	FEC F3 AA Diesel set, 3-Rail w/ Horn, *94*	399	1300	___ [1]
20-2052-1	FEC F3 AA Diesel set w/ Proto-Sound, *94*	485	1400	___ [1]
20-2052-2	FEC F3 AA Diesel set, 2-Rail, *94*	399	1300	___ [1]
20-2052-3	FEC F3 B-Unit, 3-Rail Powered, *98*	229	400	___ [1]
20-2053-0	CNJ F3 AA Diesel set, 3-Rail w/ Horn, *94*	399	1300	___ [1]
20-2053-1	CNJ F3 AA Diesel set w/ Proto-Sound, *94*	485	1400	___ [1]
20-2053-2	CNJ F3 AA Diesel set, 2-Rail, *94*	399	1300	___ [1]
20-2053-3	CNJ F3 B-Unit, 3-Rail Powered, *98*	229	290	___ [1]
20-2054-0	PRR F3 AA Diesel set, 3-Rail w/ Horn, *94*	399	825	___ [1]
20-2054-1	PRR F3 AA Diesel set w/ Proto-Sound, *94*	485	925	___ [1]
20-2054-2	PRR F3 AA Diesel set, 2-Rail, *94*	399	825	___ [1]
20-2054-3	PRR F3 B-Unit, 3-Rail Powered, *98*	229	295	___ [1]
20-2055-0	UP F3 AA Diesel set, 3-Rail w/ Horn, *94*	399	1300	___ [1]
20-2055-1	UP F3 AA Diesel set w/ Proto-Sound, *94*	485	1400	___ [1]
20-2055-2	UP F3 AA Diesel set, 2-Rail, *94*	399	1300	___ [1]
20-2055-3	UP F3 B-Unit, 3-Rail Powered, *98*	229	285	___ [1]

PREMIER • 20-2056-0 – 20-2071-0　　　　　MSRP　LN　Cond/$

		MSRP	LN	Cond/$
20-2056-0	WP F3 AA Diesel set, 3-Rail w/ Horn, *94*	399	1150	___[1]
20-2056-1	WP F3 AA Diesel set w/ Proto-Sound, *94*	485	1100	___[1]
20-2056-2	WP F3 AA Diesel set, 2-Rail, *94*	399	1000	___[1]
20-2056-3	WP F3 B-Unit, 3-Rail Powered, *98*	229	280	___[1]
20-2057-0	CP F3 AA Diesel set, 3-Rail w/ Horn, *94*	399	650	___[1]
20-2057-1	CP F3 AA Diesel set w/ Proto-Sound, *94*	485	1250	___[1]
20-2057-2	CP F3 AA Diesel set, 2-Rail, *94*	399	850	___[1]
20-2057-3	CP F3 B-Unit, 3-Rail Powered, *98*	229	345	___[1]
20-2058-2	B&O F3 B Unit, 2-Rail, *94*	149	300	___[1]
20-2058-3	B&O F3 B Unit, *94*	149	300	___[1]
20-2059-2	D&RGW F3 B Unit, 2-Rail, *94*	149	300	___[1]
20-2059-3	D&RGW F3 B Unit, *94*	149	300	___[1]
20-2060	FEC F3 B Unit, *97*	149	350	___[1]
20-2060-2	FEC F3 B Unit, 2-Rail, *94*	149	350	___[1]
20-2060-3	FEC F3 B Unit, *94*	149	350	___[1]
20-2061-2	CNJ F3 B Unit, 2-Rail, *94*	149	300	___[1]
20-2061-3	CNJ F3 B Unit, *94*	149	300	___[1]
20-2062-2	PRR F3 B Unit, 2-Rail, *94*	149	300	___[1]
20-2062-3	PRR F3 B Unit, *94*	149	300	___[1]
20-2063-2	UP F3 B Unit, 2-Rail, *94*	149	300	___[1]
20-2063-3	UP F3 B Unit, *94*	149	345	___[1]
20-2064-2	WP F3 B Unit, 2-Rail, *94*	149	300	___[1]
20-2064-3	WP F3 B Unit, *94*	149	300	___[1]
20-2065-2	CP F3 B Unit, 2-Rail, *94*	149	300	___[1]
20-2065-3	CP F3 B Unit, *94*	149	300	___[1]
20-2066-0	CSX GP30 Diesel Locomotive, 3-Rail w/ Horn, *95*	280	280	___[1]
20-2066-1	CSX GP30 Diesel Locomotive w/ Proto-Sound, *95*	350	350	___[1]
20-2066-2	CSX GP30 Diesel Locomotive, 2-Rail, *95*	280	280	___[1]
20-2067-0	BN GP30 Diesel Locomotive, 3-Rail w/ Horn, *95*	279	320	___[1]
20-2067-1	BN GP30 Diesel Locomotive w/ Proto-Sound, *95*	349	320	___[1]
20-2067-2	BN GP30 Diesel Locomotive, 2-Rail, *95*	279	300	___[1]
20-2068-0	D&RGW GP30 Diesel Locomotive, 3-Rail w/ Horn, *95*	279	350	___[1]
20-2068-1	D&RGW GP30 Diesel Locomotive w/ Proto-Sound, *95*	349	520	___[1]
20-2068-2	D&RGW GP30 Diesel Locomotive, 2-Rail, *95*	279	350	___[1]
20-2069-0	UP GP30 Diesel Locomotive, 3-Rail w/ Horn, *95*	279	460	___[1]
20-2069-1	UP GP30 Diesel Locomotive w/ Proto-Sound, *95*	349	425	___[1]
20-2069-2	UP GP30 Diesel Locomotive, 2-Rail, *95*	279	350	___[1]
20-2070-0	CP GP30 Diesel Locomotive, 3-Rail w/ Horn, *95*	279	400	___[1]
20-2070-1	CP GP30 Diesel Locomotive w/ Proto-Sound, *95*	349	405	___[1]
20-2070-2	CP GP30 Diesel Locomotive, 2-Rail, *95*	279	400	___[1]
20-2071-0	PRR GP30 Diesel Locomotive, 3-Rail, *95*	279	375	___[1]

PREMIER • 20-2071-1 – 20-2080-1

Item	Description	MSRP	LN	Cond/$
20-2071-1	PRR GP30 Diesel Locomotive w/ Proto-Sound, *95*	349	440	____[1]
20-2071-2	PRR GP30 Diesel Locomotive, 2-Rail, *95*	279	375	____[1]
20-2072-0	AT&SF GP30 Diesel Locomotive, 3-Rail w/ Horn, *95*	279	300	____[1]
20-2072-1	AT&SF GP30 Diesel Locomotive w/ Proto-Sound, *95*	349	360	____[1]
20-2072-2	AT&SF GP30 Diesel Locomotive, 2-Rail, *95*	279	300	____[1]
20-2073-0	Reading GP30 Diesel Locomotive, 3-Rail w/ Horn, *95*	279	350	____[1]
20-2073-1	Reading GP30 Diesel Locomotive w/ Proto-Sound, *95*	349	500	____[1]
20-2073-2	Reading GP30 Diesel Locomotive, 2-Rail, *95*	279	425	____[1]
20-2074-1	GP30 Diesel Locomotive w/ Proto-Sound, *95*	349	1700	____[1]
20-2075-0	PRR FM H-10-44 Diesel Locomotive, 3-Rail w/ Horn, *95*	279	360	____[1]
20-2075-1	PRR FM H-10-44 Diesel Locomotive w/ Proto-Sound, *95*	349	395	____[1]
20-2075-2	PRR FM H-10-44 Diesel Locomotive, 2-Rail, *95*	279	375	____[1]
20-2076-0	Frisco FM H-10-44 Diesel Locomotive, 3-Rail w/ Horn, *95*	279	340	____[1]
20-2076-1	Frisco FM H-10-44 Diesel Locomotive w/ Proto-Sound, *95*	349	400	____[1]
20-2076-2	Frisco FM H-10-44 Diesel Locomotive, 2-Rail, *95*	279	300	____[1]
20-2077-0	AT&SF FM H-10-44 Diesel Locomotive, 3-Rail w/ Horn, *95*	279	450	____[1]
20-2077-1	AT&SF FM H-10-44 Diesel Locomotive w/ Proto-Sound, *95*	349	385	____[1]
20-2077-2	AT&SF FM H-10-44 Diesel Locomotive, 2-Rail, *95*	279	375	____[1]
20-2078-0	C&NW FM H-10-44 Diesel Locomotive, 3-Rail w/ Horn, *95*	279	600	____[1]
20-2078-1	C&NW FM H-10-44 Diesel Locomotive w/ Proto-Sound, *95*	349	550	____[1]
20-2078-2	C&NW FM H-10-44 Diesel Locomotive, 2-Rail, *95*	279	400	____[1]
20-2079-0	NYC FM H-10-44 Diesel Locomotive, 3-Rail w/ Horn, *95*	279	385	____[1]
20-2079-1	NYC FM H-10-44 Diesel Locomotive w/ Proto-Sound, *95*	349	450	____[1]
20-2079-2	NYC FM H-10-44 Diesel Locomotive, 2-Rail, *95*	279	375	____[1]
20-2080-0	Milwaukee Road FM H-10-44 Diesel Locomotive, 3-Rail w/ Horn, *95*	279	575	____[1]
20-2080-1	Milwaukee Road FM H-10-44 Diesel Locomotive w/ Proto-Sound, *95*	349	490	____[1]

PREMIER • 20-2080-2 – 20-2091-2   MSRP   LN   Cond/$

		MSRP	LN	Cond/$
20-2080-2	Milwaukee Road FM H-10-44 Diesel Locomotive, 2-Rail, *95*	279	500	[1]
20-2081-0	SP FM H-10-44 Diesel Locomotive, 3-Rail w/ Horn, *95*	279	320	[1]
20-2081-1	SP FM H-10-44 Diesel Locomotive w/ Proto-Sound, *95*	349	375	[1]
20-2081-2	SP FM H-10-44 Diesel Locomotive, 2-Rail, *95*	279	300	[1]
20-2082-0	UP FM H-10-44 Diesel Locomotive, 3-Rail w/ Horn, *95*	279	365	[1]
20-2082-1	UP FM H-10-44 Diesel Locomotive w/ Proto-Sound, *95*	349	370	[1]
20-2082-2	UP FM H-10-44 Diesel Locomotive, 2-Rail, *95*	279	350	[1]
20-2083-0	WM F3 AA Diesel set, 3-Rail w/ Horn, *95*	399	650	[1]
20-2083-1	WM F3 AA Diesel set w/ Proto-Sound, *95*	485	750	[1]
20-2083-2	WM F3 AA Diesel set, 2-Rail, *95*	399	650	[1]
20-2083-3	WM F3 B-Unit, 3-Rail Powered, *98*	230	230	[1]
20-2084-0	MKT F3 AA Diesel set, 3-Rail w/ Horn, *95*	399	850	[1]
20-2084-1	MKT F3 AA Diesel set w/ Proto-Sound, *95*	485	1050	[1]
20-2084-2	MKT F3 AA Diesel set, 2-Rail, *95*	399	750	[1]
20-2084-3	MKT F3 B-Unit, 3-Rail Powered, *98*	230	250	[1]
20-2085-0	CB&Q F3 AA Diesel set, 3-Rail w/ Horn, *95*	399	1125	[1]
20-2085-1	CB&Q F3 AA Diesel set w/ Proto-Sound, *95*	485	1500	[1]
20-2085-2	CB&Q F3 AA Diesel set, 2-Rail, *95*	399	1050	[1]
20-2085-3	CB&Q F3 B-Unit, 3-Rail Powered, *98*	229	325	[1]
20-2086-0	LV F3 AA Diesel set, 3-Rail w/ Horn, *95*	399	700	[1]
20-2086-1	LV F3 AA Diesel set w/ Proto-Sound, *95*	485	800	[1]
20-2086-2	LV F3 AA Diesel set, 2-Rail, *95*	399	625	[1]
20-2086-3	LV F3 B-Unit, 3-Rail Powered, *98*	230	230	[1]
20-2087-0	NP F3 AA Diesel set, 3-Rail w/ Horn, *95*	399	660	[1]
20-2087-1	NP F3 AA Diesel set w/ Proto-Sound, *95*	485	770	[1]
20-2087-2	NP F3 AA Diesel set, 2-Rail, *95*	399	575	[1]
20-2087-3	NP F3 B-Unit, 3-Rail Powered, *98*	229	250	[1]
20-2088-0	ACL F3 AA Diesel set, 3-Rail w/ Horn, *95*	399	1000	[1]
20-2088-1	ACL F3 AA Diesel set w/ Proto-Sound, *95*	485	1100	[1]
20-2088-2	ACL F3 AA Diesel set, 2-Rail, *95*	399	1000	[1]
20-2088-3	ACL F3 B-Unit, 3-Rail Powered, *98*	230	265	[1]
20-2089-0	New Haven F3 AA Diesel set, 3-Rail w/ Horn, *95*	399	675	[1]
20-2089-1	New Haven F3 AA Diesel set w/ Proto-Sound, *95*	485	880	[1]
20-2089-2	New Haven F3 AA Diesel set, 2-Rail, *95*	399	600	[1]
20-2089-3	New Haven F3 B-Unit, 3-Rail Powered, *98*	230	250	[1]
20-2090-0	EMD F3 AA Diesel set, 3-Rail w/ Horn, *95*	399	450	[1]
20-2090-1	EMD F3 AA Diesel set w/ Proto-Sound, *95*	485	1350	[1]
20-2090-2	EMD F3 AA Diesel set, 2-Rail, *95*	399	1050	[1]
20-2090-3	EMD F3 B-Unit, 3-Rail Powered, *98*	229	320	[1]
20-2091-0	WM F3 B Unit, *95*	149	150	[1]
20-2091-2	WM F3 B Unit, 2-Rail, *95*	149	150	[1]

PREMIER • 20-2092-0 – 20-2106-1   MSRP   LN   Cond/$

Item	Description	MSRP	LN	Cond/$
20-2092-0	MKT F3 B Unit, *95*	149	150	___[1]
20-2092-2	MKT F3 B Unit, 2-Rail, *95*	149	150	___[1]
20-2092-3	MKT F3 B Unit, *95*	149	150	___[1]
20-2093-2	CB&Q F3 B Unit, 2-Rail, *95*	149	175	___[1]
20-2093-3	CB&Q F3 B Unit, *95*	149	175	___[1]
20-2094-2	LV F3 B Unit, 2-Rail, *95*	149	150	___[1]
20-2094-3	LV F3 B Unit, *95*	149	150	___[1]
20-2095-2	NP F3 B Unit, 2-Rail, *95*	149	200	___[1]
20-2095-3	NP F3 B Unit, *95*	149	200	___[1]
20-2096-2	ACL F3 B Unit, 2-Rail, *95*	149	150	___[1]
20-2096-3	ACL F3 B Unit, *95*	149	150	___[1]
20-2097-2	New Haven F3 B Unit, 2-Rail, *95*	149	150	___[1]
20-2097-3	New Haven F3 B Unit, *95*	149	170	___[1]
20-2098-2	EMD F3 B Unit, 2-Rail, *95*	149	350	___[1]
20-2098-3	EMD F3 B Unit, *95*	149	400	___[1]
20-2100-0	PRR SD45 Diesel Locomotive, 3-Rail w/ Horn, *95*	299	400	___[1]
20-2100-1	PRR SD45 Diesel Locomotive w/ Proto-Sound, *95*	379	475	___[1]
20-2100-2	PRR SD45 Diesel Locomotive, 2-Rail, *95*	299	400	___[1]
20-2101-0	Reading SD45 Diesel Locomotive, 3-Rail w/ Horn, *95*	299	350	___[1]
20-2101-1	Reading SD45 Diesel Locomotive w/ Proto-Sound, *95*	379	425	___[1]
20-2101-2	Reading SD45 Diesel Locomotive, 2-Rail, *95*	299	350	___[1]
20-2102-0	SCL SD45 Diesel Locomotive, 3-Rail w/ Horn, *95*	299	300	___[1]
20-2102-1	SCL SD45 Diesel Locomotive w/ Proto-Sound, *95*	379	400	___[1]
20-2102-2	SCL SD45 Diesel Locomotive, 2-Rail, *95*	299	300	___[1]
20-2103-0	Conrail SD45 Diesel Locomotive, 3-Rail w/ Horn, *95*	299	300	___[1]
20-2103-1	Conrail SD45 Diesel Locomotive w/ Proto-Sound, *95*	379	340	___[1]
20-2103-2	Conrail SD45 Diesel Locomotive, 2-Rail, *95*	299	300	___[1]
20-2104-0	GN SD45 Diesel Locomotive, 3-Rail w/ Horn, *95*	299	300	___[1]
20-2104-1	GN SD45 Diesel Locomotive w/ Proto-Sound, *95*	379	340	___[1]
20-2104-2	GN SD45 Diesel Locomotive, 2-Rail, *95*	299	300	___[1]
20-2105-0	AT&SF SD45 Diesel Locomotive, 3-Rail w/ Horn, *95*	299	530	___[1]
20-2105-1	AT&SF SD45 Diesel Locomotive w/ Proto-Sound, *95*	379	430	___[1]
20-2105-2	AT&SF SD45 Diesel Locomotive, 2-Rail, *95*	299	425	___[1]
20-2106-0	UP SD45 Diesel Locomotive, 3-Rail w/ Horn, *95*	299	425	___[1]
20-2106-1	UP SD45 Diesel Locomotive w/ Proto-Sound, *95*	379	485	___[1]

PREMIER • 20-2106-2 – 20-2115-2   MSRP   LN   Cond/$

20-2106-2	UP SD45 Diesel Locomotive, 2-Rail, *95*	299	425 ___	[1]
20-2107-0	EMD SD45 Diesel Locomotive, 3-Rail w/ Horn, *95*	299	415 ___	[1]
20-2107-1	EMD SD45 Diesel Locomotive w/ Proto-Sound, *95*	379	560 ___	[1]
20-2107-2	EMD SD45 Diesel Locomotive, 2-Rail, *95*	299	500 ___	[1]
20-2108-0	Chessie SD9 Diesel Locomotive, 3-Rail w/ Horn, *96*	299	590 ___	[1]
20-2108-1	Chessie SD9 Diesel Locomotive w/ Proto-Sound, *96*	379	580 ___	[1]
20-2108-2	Chessie SD9 Diesel Locomotive, 2-Rail, *96*	299	500 ___	[1]
20-2109-0	PRR SD9 Diesel Locomotive, 3-Rail w/ Horn, *96*	299	475 ___	[1]
20-2109-1	PRR SD9 Diesel Locomotive w/ Proto-Sound, *96*	379	425 ___	[1]
20-2109-2	PRR SD9 Diesel Locomotive, 2-Rail, *96*	299	400 ___	[1]
20-2110-0	Nickel Plate SD9 Diesel Locomotive, 3-Rail w/ Horn, *96*	299	400 ___	[1]
20-2110-1	Nickel Plate SD9 Diesel Locomotive w/ Proto-Sound, *96*	379	390 ___	[1]
20-2110-2	Nickel Plate SD9 Diesel Locomotive, 2-Rail, *96*	299	350 ___	[1]
20-2111-0	CB&Q SD9 Diesel Locomotive, 3-Rail w/ Horn, *96*	299	570 ___	[1]
20-2111-1	CB&Q SD9 Diesel Locomotive w/ Proto-Sound, *96*	379	540 ___	[1]
20-2111-2	CB&Q SD9 Diesel Locomotive, 2-Rail, *96*	299	425 ___	[1]
20-2112-0	SP SD9 Diesel Locomotive, 3-Rail w/ Horn, *96*	299	450 ___	[1]
20-2112-1	SP SD9 Diesel Locomotive w/ Proto-Sound, *96*	379	385 ___	[1]
20-2112-2	SP SD9 Diesel Locomotive, 2-Rail, *96*	299	400 ___	[1]
20-2113-0	D&RGW SD9 Diesel Locomotive, 3-Rail w/ Horn, *96*	299	400 ___	[1]
20-2113-1	D&RGW SD9 Diesel Locomotive w/ Proto-Sound, *96*	379	400 ___	[1]
20-2113-2	D&RGW SD9 Diesel Locomotive, 2-Rail, *96*	299	350 ___	[1]
20-2114-0	CSX SD60 Diesel Locomotive, 3-Rail w/ Horn, *96*	299	400 ___	[1]
20-2114-1	CSX SD60 Diesel Locomotive w/ Proto-Sound, *96*	379	400 ___	[1]
20-2114-2	CSX SD60 Diesel Locomotive, 2-Rail, *96*	299	325 ___	[1]
20-2115-0	NS SD60 Diesel Locomotive, 3-Rail w/ Horn, *96*	299	290 ___	[1]
20-2115-1	NS SD60 Diesel Locomotive w/ Proto-Sound, *96*	379	430 ___	[1]
20-2115-2	NS SD60 Diesel Locomotive, 2-Rail, *96*	299	400 ___	[1]

PREMIER • 20-2116-0 – 20-2126-3

Item	Description	MSRP	LN	Cond/$
20-2116-0	BN SD60 Diesel Locomotive, 3-Rail w/ Horn, *96*	299	290	[1]
20-2116-1	BN SD60 Diesel Locomotive w/ Proto-Sound, *96*	379	345	[1]
20-2116-2	BN SD60 Diesel Locomotive, 2-Rail, *96*	299	400	[1]
20-2117-0	C&NW SD60 Diesel Locomotive, 3-Rail w/ Horn, *96*	299	390	[1]
20-2117-1	C&NW SD60 Diesel Locomotive w/ Proto-Sound, *96*	379	345	[1]
20-2117-2	C&NW SD60 Diesel Locomotive, 2-Rail, *96*	299	400	[1]
20-2118-0	Conrail SD60 Diesel Locomotive, 3-Rail w/ Horn, *96*	299	300	[1]
20-2118-1	Conrail SD60 Diesel Locomotive w/ Proto-Sound, *96*	379	415	[1]
20-2118-2	Conrail SD60 Diesel Locomotive, 2-Rail, *96*	299	350	[1]
20-2119-0	EMD SD60 Diesel Locomotive, 3-Rail w/ Horn, *96*	299	365	[1]
20-2119-1	EMD SD60 Diesel Locomotive w/ Proto-Sound, *96*	379	420	[1]
20-2119-2	EMD SD60 Diesel Locomotive, 2-Rail, *96*	299	475	[1]
20-2120-0	CNJ FM Trainmaster Diesel Locomotive, 3-Rail w/ Horn, *96*	279	375	[1]
20-2120-1	CNJ FM Trainmaster Diesel Locomotive w/ Proto-Sound, *96*	349	385	[1]
20-2121-0	Southern FM Trainmaster Diesel Locomotive, 3-Rail w/ Horn, *96*	279	280	[1]
20-2121-1	Southern FM Trainmaster Diesel Locomotive w/ Proto-Sound, *96*	349	400	[1]
20-2122-0	D&RGW FM Trainmaster Diesel Locomotive, 3-Rail w/ Horn, *96*	279	385	[1]
20-2122-1	D&RGW FM Trainmaster Diesel Locomotive w/ Proto-Sound, *96*	349	440	[1]
20-2123-0	AT&SF FM Trainmaster Diesel Locomotive, 3-Rail w/ Horn, *96*	279	325	[1]
20-2123-1	AT&SF FM Trainmaster Diesel Locomotive w/ Proto-Sound, *96*	349	425	[1]
20-2124-1	UP Gas Turbine Diesel Locomotive w/ Proto-Sound, *96*	999	1300	[3]
20-2124-2	UP Gas Turbine Diesel Locomotive, 2-Rail, *96*	999	1200	[1]
20-2125-0	C&O F3 AA Diesel set, 3-Rail w/ Horn, *96*	399	500	[1]
20-2125-1	C&O F3 AA Diesel set w/ Proto-Sound, *96*	399	600	[1]
20-2125-2	C&O F3 AA Diesel set, 2-Rail, *96*	399	575	[1]
20-2125-3	C&O F3 B Unit, 3-Rail, *96*	149	170	[1]
20-2125-4	C&O F3 B-Unit, 3-Rail Powered, *99*	229	250	[1]
20-2125B-0	C&O F3 B Unit, *96*	485	150	[1]
20-2126-0	B&M F3 AA Diesel set, 3-Rail w/ Horn, *96*	399	465	[1]
20-2126-1	B&M F3 AA Diesel set w/ Proto-Sound, *96*	485	640	[1]
20-2126-2	B&M F3 AA Diesel set, 2-Rail, *96*	399	450	[1]
20-2126-3	B&M F3 B Unit, 3-Rail, *96*	149	155	[1]

PREMIER • 20-2126-4 – 20-2138-1   MSRP   LN   Cond/$

Item	Description	MSRP	LN	Cond/$
20-2126-4	B&M F3 B-Unit, 3-Rail Powered, *99*	229	200	____ 1
20-2127-0	Rock Island F3 AA Diesel set, 3-Rail w/ Horn, *96*	399	650	____ 1
20-2127-1	Rock Island F3 AA Diesel set w/ Proto-Sound, *96*	485	600	____ 1
20-2127-2	Rock Island F3 AA Diesel set, 2-Rail, *96*	399	500	____ 1
20-2127-3	Rock Island F3 B Unit, 3-Rail, *96*	149	150	____ 1
20-2127-4	Rock Island F3 B-Unit, 3-Rail Powered, *99*	229	250	____ 1
20-2128-0	ARR F3 AA Diesel set, 3-Rail w/ Horn, *96*	399	640	____ 1
20-2128-1	ARR F3 AA Diesel set w/ Proto-Sound, *96*	485	650	____ 1
20-2128-2	ARR F3 AA Diesel set, 2-Rail, *96*	399	575	____ 1
20-2128-3	ARR F3 B Unit, 3-Rail, *96*	149	150	____ 1
20-2128-4	ARR F3 B-Unit, 3-Rail Powered, *99*	229	235	____ 1
20-2129-0	WM BL2 Diesel Locomotive, 3-Rail w/ Horn, *96*	299	350	____ 1
20-2129-1	WM BL2 Diesel Locomotive w/ Proto-Sound, *96*	379	300	____ 1
20-2129-2	WM BL2 Diesel Locomotive, 2-Rail, *96*	299	225	____ 1
20-2130-0	FEC BL2 Diesel Locomotive, 3-Rail w/ Horn, *96*	299	245	____ 1
20-2130-1	FEC BL2 Diesel Locomotive w/ Proto-Sound, *96*	379	340	____ 1
20-2130-2	FEC BL2 Diesel Locomotive, 2-Rail, *96*	299	235	____ 1
20-2131-0	Monon BL2 Diesel Locomotive, 3-Rail w/ Horn, *96*	299	375	____ 1
20-2131-1	Monon BL2 Diesel Locomotive w/ Proto-Sound, *96*	379	345	____ 1
20-2131-2	Monon BL2 Diesel Locomotive, 2-Rail, *96*	299	300	____ 1
20-2132-0	EMD BL2 Diesel Locomotive, 3-Rail w/ Horn, *96*	300	335	____ 1
20-2132-1	EMD BL2 Diesel Locomotive w/ Proto-Sound, *96*	380	370	____ 1
20-2132-2	EMD BL2 Diesel Locomotive, 2-Rail, *96*	300	300	____ 1
20-2133-0	PRR AS-616 Diesel, 3-Rail w/ Horn, *96*	299	395	____ 1
20-2133-1	PRR AS-616 Diesel w/ Proto-Sound, *96*	379	385	____ 1
20-2133-2	PRR AS-616 Diesel, 2-Rail, *96*	299	375	____ 1
20-2134-0	B&LE AS-616 Diesel, 3-Rail w/ Horn, *96*	299	295	____ 1
20-2134-1	B&LE AS-616 Diesel w/ Proto-Sound, *96*	379	290	____ 1
20-2134-2	B&LE AS-616 Diesel, 2-Rail, *96*	299	300	____ 1
20-2135-0	SOO Line AS-616 Diesel, 3-Rail w/ Horn, *96*	299	250	____ 1
20-2135-1	SOO Line AS-616 Diesel w/ Proto-Sound, *96*	379	300	____ 1
20-2135-2	SOO Line AS-616 Diesel, 2-Rail, *96*	299	250	____ 1
20-2136-0	C&NW AS-616 Diesel, 3-Rail w/ Horn, *96*	299	295	____ 1
20-2136-1	C&NW AS-616 Diesel w/ Proto-Sound, *96*	379	315	____ 1
20-2136-2	C&NW AS-616 Diesel, 2-Rail, *96*	299	300	____ 1
20-2137-0	SP AS-616 Diesel, 3-Rail w/ Horn, *96*	299	315	____ 1
20-2137-1	SP AS-616 Diesel w/ Proto-Sound, *96*	379	360	____ 1
20-2137-2	SP AS-616 Diesel, 2-Rail, *96*	299	275	____ 1
20-2138-0	UP AS-616 Diesel, 3-Rail w/ Horn, *96*	299	315	____ 1
20-2138-1	UP AS-616 Diesel w/ Proto-Sound, *96*	379	350	____ 1

PREMIER • 20-2138-2 – 20-2154-1

Item	Description	MSRP	LN	Cond/$
20-2138-2	UP AS-616 Diesel, 2-Rail, *96*	299	325	___ 1
20-2139-1	ACL GP20 Diesel Locomotive w/ Proto-Sound, *96*	379	265	___ 1
20-2139-2	ACL GP20 Diesel Locomotive, 2-Rail, *96*	299	300	___ 1
20-2140-1	BN GP20 Diesel Locomotive w/ Proto-Sound, *96*	379	340	___ 1
20-2140-2	BN GP20 Diesel Locomotive, 2-Rail, *96*	299	350	___ 1
20-2141-1	WP GP20 Diesel Locomotive w/ Proto-Sound, *96*	379	325	___ 1
20-2141-2	WP GP20 Diesel Locomotive, 2-Rail, *96*	299	300	___ 1
20-2142-1	EMD GP20 Diesel Locomotive w/ Proto-Sound, *96*	379	270	___ 2
20-2142-2	EMD GP20 Diesel Locomotive, 2-Rail, *96*	299	275	___ 1
20-2143-1	Susquehanna FP45 Diesel Locomotive w/ Proto-Sound, *97*	379	290	___ 1
20-2143-2	Susquehanna FP45 Diesel Locomotive, 2-Rail, *97*	299	325	___ 1
20-2144-1	BN FP45 Diesel Locomotive w/ Proto-Sound, *97*	379	275	___ 1
20-2144-2	BN FP45 Diesel Locomotive, 2-Rail, *97*	299	300	___ 1
20-2145-1	AT&SF FP45 Diesel Locomotive w/ Proto-Sound, *97*	379	305	___ 1
20-2145-2	AT&SF FP45 Diesel Locomotive, 2-Rail, *97*	299	250	___ 1
20-2146-1	EMD FP45 Diesel Locomotive w/ Proto-Sound, *97*	379	290	___ 2
20-2146-2	EMD FP45 Diesel Locomotive, 2-Rail, *97*	299	250	___ 1
20-2147-1	Amtrak F40PH Diesel Locomotive w/ Proto-Sound, *97*	379	400	___ 2
20-2147-2	Amtrak F40PH Diesel Locomotive, 2-Rail, *97*	299	325	___ 1
20-2148-1	Mass Bay F40PH Diesel Locomotive w/ Proto-Sound, *97*	380	400	___ 1
20-2148-2	Mass Bay F40PH Diesel Locomotive, 2-Rail, *97*	300	300	___ 1
20-2149-1	Amtrak F40PH Diesel Locomotive w/ Proto-Sound, *97*	380	325	___ 1
20-2149-2	Amtrak F40PH Diesel Locomotive, 2-Rail, *97*	300	300	___ 1
20-2150-1	CalTran F40PH Diesel Locomotive w/ Proto-Sound, *97*	380	350	___ 1
20-2150-2	CalTran F40PH Diesel Locomotive, 2-Rail, *97*	300	300	___ 1
20-2151-1	AT&SF F3 AA Diesel set w/ Proto-Sound, *97*	485	640	___ 1
20-2151-3	AT&SF F3 B Unit, *97*	150	190	___ 1
20-2151-4	AT&SF F3 B-Unit, 3-Rail Powered, *99*	229	235	___ 2
20-2152-1	L&N F3 AA Diesel set w/ Proto-Sound, *97*	485	660	___ 1
20-2152-3	L&N F3 B Unit, *97*	149	185	___ 1
20-2152-4	L&N F3 B-Unit, 3-Rail Powered, *99*	229	260	___ 1
20-2153-1	AT&SF El Capitan Boxed set, *97*	939	1200	___ 3
20-2154-1	BNSF SD70MAC Diesel Locomotive w/ Proto-Sound, *97*	399	320	___ 4

PREMIER • 20-2154-2 – 20-2169-2   MSRP   LN   Cond/$

		MSRP	LN	Cond/$
20-2154-2	BNSF SD70MAC Diesel Locomotive, 2-Rail, *97*	299	300	___ [1]
20-2155-1	CN SD70MAC Diesel Locomotive w/ Proto-Sound, *97*	399	285	___ [1]
20-2155-2	CN SD70MAC Diesel Locomotive, 2-Rail, *97*	299	320	___ [1]
20-2156-1	SP GP38-2 Diesel Locomotive w/ Proto-Sound, *97*	399	310	___ [1]
20-2156-2	SP GP38-2 Diesel Locomotive, 2-Rail, *97*	299	379	___ [1]
20-2157-1	Conrail GP38-2 Diesel Locomotive w/ Proto-Sound, *97*	399	265	___ [1]
20-2157-2	Conrail GP38-2 Diesel Locomotive, 2-Rail, *97*	299	379	___ [1]
20-2158-1	GM&O GP38-2 Diesel Locomotive w/ Proto-Sound, *97*	399	305	___ [1]
20-2158-2	GM&O GP38-2 Diesel Locomotive, 2-Rail, *97*	299	379	___ [1]
20-2159-1	C&NW Dash 9 Diesel Locomotive w/ Proto-Sound, *97*	399	330	___ [3]
20-2159-2	C&NW Dash 8 Diesel Locomotive, 2-Rail, *97*	299	300	___ [1]
20-2160-1	GE Dash 9 Diesel Locomotive Demo, *97*	399	310	___ [3]
20-2160-2	GE Dash 9 Diesel Locomotive Demo, 2-Rail, *97*	299	300	___ [1]
20-2161-1	CN SD40-2 Diesel Locomotive, 3-Rail, *97*	399	320	___ [1]
20-2161-2	CN SD40-2 Diesel Locomotive, 2-Rail, *97*	299	345	___ [1]
20-2162-1	SP SD40-2 Diesel Locomotive w/ Proto-Sound, *97*	399	320	___ [1]
20-2163-1	NS SD40-2 Diesel Locomotive w/ Proto-Sound, *97*	399	295	___ [2]
20-2163-2	NS SD40-2 Diesel Locomotive, 2-Rail, *97*	299	300	___ [1]
20-2164-1	IC SD40-2 Diesel Locomotive w/ Proto-Sound, *97*	399	310	___ [1]
20-2164-2	IC SD40-2 Diesel Locomotive, 2-Rail, *97*	299	300	___ [1]
20-2165-1	Green Bay RS-27 Diesel Locomotive w/ Proto-Sound, *97*	399	335	___ [1]
20-2165-2	Green Bay RS-27 Diesel Locomotive, 2-Rail, *97*	299	300	___ [1]
20-2166-1	PC RS-27 Diesel Locomotive w/ Proto-Sound, *97*	399	335	___ [1]
20-2166-2	PC RS-27 Diesel Locomotive, 2-Rail, *97*	299	300	___ [1]
20-2167-1	Alco RS-27 Diesel, 3-Rail, *97*	399	290	___ [2]
20-2167-2	Alco RS-27 Diesel, 2-Rail, *97*	299	300	___ [1]
20-2168-1	SCL E8 ABA Diesel Locomotive set w/ Proto-Sound, *97*	699	690	___ [2]
20-2168-2	SCL E8 ABA Diesel Locomotive set, 2-Rail, *97*	629	629	___ [1]
20-2169-1	Rock Island E8 ABA Diesel Locomotive set w/ Proto-Sound, *97*	699	770	___ [2]
20-2169-2	Rock Island E8 ABA Diesel Locomotive set, 2-Rail, *97*	629	700	___ [1]

PREMIER • 20-2170-1 – 20-2194-1   MSRP   LN   Cond/$

Item	Description	MSRP	LN	Cond/$
20-2170-1	B&O E8 ABA Diesel Locomotive set, 3-Rail, *97*	699	590	___ 3
20-2170-2	B&O E8 ABA Diesel Locomotive set, 2-Rail, *97*	629	629	___ 1
20-2171-1	Amtrak Dash 8 Diesel Locomotive w/ Proto-Sound, *98*	399	480	___ 2
20-2172-1	BNSF Dash 9 Diesel Locomotive w/ Proto-Sound, *98*	399	485	___ 2
20-2173-1	Erie-Lackawanna GP9 Diesel Locomotive w/ Proto-Sound, *98*	399	330	___ 2
20-2174-1	T&P GP9 Diesel Locomotive w/ Proto-Sound, *98*	399	310	___ 1
20-2175-1	WM GP9 Diesel Locomotive w/ Proto-Sound, *98*	399	365	___ 1
20-2176-1	NYC F3 ABA Diesel set w/ Proto-Sound, *98*	679	650	___ 2
20-2176-3	NYC F3 B Unit, Non-powered, *99–00*	129	115	___ 1
20-2177-1	Southern F3 ABA Diesel set w/ Proto-Sound, *98*	679	620	___ 2
20-2177-3	Southern F3 B Unit, Non-powered, *99–00*	129	80	___ 1
20-2178-1	UP DD40AX Diesel Locomotive, *98*	599	750	___ 3
20-2179	BNSF Boxed set #2 Dash 9 Unit Train, *98*	599	455	___ 2
20-2180-1	AT&SF GP60M Diesel Locomotive w/ Proto-Sound, *98*	299	345	___ 2
20-2181-1	Maersk GP60M Diesel Locomotive w/ Proto-Sound, *98*	299	350	___ 1
20-2183-1	FM Trainmaster Demonstrator Diesel Locomotive w/ Proto-Sound, *98*	299	365	___ 1
20-2182-1	CP FM Trainmaster Diesel Locomotive w/ Proto-Sound, *98*	329	330	___ 2
20-2184-1	EMD SD90 Diesel Locomotive w/ Proto-Sound, *98*	329	315	___ 2
20-2185-1	UP Veranda Turbine, 3-Rail, *98*	699	770	___ 4
20-2185-2	UP Veranda Turbine, 2-Rail, *98*	699	700	___ 1
20-2186-1	Chessie GP38-2 Diesel Locomotive w/ Proto-Sound, *98*	299	280	___ 1
20-2187-1	BNSF GP38-2 Diesel Locomotive w/ Proto-Sound, *98*	299	310	___ 1
20-2188-1	UP GP38-2 Diesel Locomotive w/ Proto-Sound, *98*	299	295	___ 1
20-2189-1	Amtrak Genesis Diesel Locomotive w/ Proto-Sound, *98*	329	335	___ 1
20-2190-1	Conrail SD80 Diesel Locomotive w/ Proto-Sound, *98*	329	355	___ 1
20-2191-1	UP SD90 Diesel Locomotive w/ Proto-Sound, *98*	329	405	___ 2
20-2192-1	Nickel Plate Alco PA ABA Diesel set w/ Proto-Sound, *99*	649	710	___ 1
20-2193-1	LV Alco PA ABA Diesel set w/ Proto-Sound, *99*	649	680	___ 2
20-2194-1	MKT Alco PA ABA Diesel set w/ Proto-Sound, *99*	649	630	___ 3

PREMIER • 20-2195-1 – 20-2223-3 MSRP LN Cond/$

		MSRP	LN	Cond/$
20-2195-1	New Haven EP-5 Electric Locomotive w/ Proto-Sound, *99*	349	360	___ 3
20-2196-1	GN EP-5 Electric Locomotive w/ Proto-Sound, *99*	349	370	___ 1
20-2197-1	New Haven EP-5 Electric Locomotive Boxed set, *99*	549	580	___ 2
20-2198-1	Reading F3 ABA Diesel set w/ Proto-Sound, *99*	599	560	___ 1
20-2198-3	Reading F3 B Unit, Non-powered, *99–00*	129	115	___ 1
20-2199-1	SP F3 ABA Diesel set w/ Proto-Sound, *99*	599	620	___ 2
20-2199-3	WP F3 B Unit Non-powered, *99–00*	129	95	___ 1
20-2200-1	PRR Centipede AA Diesel set w/ Proto-Sound, *99*	699	800	___ 2
20-2200-2	PRR Centipede AA Diesel set, 2-Rail, *99*	699	700	___ 1
20-2201-1	CNJ FM Trainmaster Diesel Locomotive w/ Proto-Sound, *99*	329	295	___ 1
20-2202-1	Milwaukee Road FM Trainmaster Diesel Loco w/ Proto-Sound, *99*	329	290	___ 1
20-2205	Pere Marquette E8 ABA Diesel Locomotive set, *99*	649	650	___ 1
20-2206	EMD E8 ABA Diesel Locomotive set, *99*	649	720	___ 1
20-2207	KCS E8 ABA Diesel Locomotive set, *99*	649	620	___ 1
20-2208	UP E8 Diesel Locomotive set, *99*	649	760	___ 1
20-2209	LV GP9 Diesel, *99*	299	280	___ 1
20-2210	PRR GP7 Diesel, *99*	299	280	___ 1
20-2211	B&M GP7 Diesel, *99*	299	280	___ 1
20-2212	GN GP7 Diesel, *99*	299	300	___ 1
20-2213	Amtrak F59PH Diesel, *99*	329	300	___ 1
20-2214	UP #80 Coal Turbine, *99*	999	930	___ 1
20-2215-1	BNSF SD70MAC Diesel Locomotive, 3-Rail w/ Proto-Sound, *99–00*	329	290	___ 1
20-2216-1	Chessie SD40-2 Diesel Locomotive, 3-Rail w/ Proto-Sound, *99–00*	329	285	___ 1
20-2217-1	BN SD40-2 Diesel Locomotive, 3-Rail w/ Proto-Sound, *99–00*	329	290	___ 1
20-2218-1	PRR F3 ABA Diesel set, 3-Rail w/ Proto-Sound, *99–00*	599	620	___ 1
20-2219-1	AT&SF F3 ABA Diesel set, 3-Rail w/ Proto-Sound, *99–00*	599	560	___ 1
20-2220-1	GN F3 ABA Diesel set, 3-Rail w/ Proto-Sound, *99–00*	599	560	___ 1
20-2221-1	BNSF Blue SD70MAC Diesel Locomotive, 3-Rail w/ Proto-Sound, *99–00*	329	CP	___ 1
20-2222-1	Milwaukee Road DL-109 Diesel Locomotive, 3-Rail w/ Proto-Sound, *99–00*	329	315	___ 1
20-2222-3	Milwaukee Road DL-110 Powered B Unit Diesel Locomotive, *00*	229	190	___ 1
20-2223-1	AT&SF DL-109 Diesel Locomotive, 3-Rail w/ Proto-Sound, *99–00*	329	360	___ 2
20-2223-3	AT&SF DL-110 Powered B Unit Diesel Locomotive, *00*	229	185	___ 1

PREMIER • 20-2224-1 – 20-2255-1   MSRP   LN   Cond/$

		MSRP	LN	Cond/$
20-2224-1	CSX SD70MAC Diesel Locomotive, 3-Rail w/ Proto-Sound, *99–00*	329	300	[1]
20-2226-1	LIRR GP38-2 Diesel Locomotive, 3-Rail w/ Proto-Sound, *99–00*	299	CP	[1]
20-2227-1	BAR GP38-2 Diesel Locomotive, 3-Rail w/ Proto-Sound, *99–00*	299	CP	[1]
20-2228-1	CN GP38-2 Diesel Locomotive, 3-Rail w/ Proto-Sound, *99–00*	299	CP	[1]
20-2229-1	Amtrak Genesis Diesel Locomotive w/ Proto-Sound, *00*	329	CP	[1]
20-2230-1	Amtrak Genesis Diesel Locomotive w/ Proto-Sound, *00*	329	CP	[1]
20-2231-1	Virginian FM Trainmaster Diesel Locomotive w/ Proto-Sound, *00*	329	265	[1]
20-2232-1	Virginian FM Trainmaster Diesel Locomotive w/ Proto-Sound, *00*	329	265	[1]
20-2233-1	SP FM Trainmaster Diesel Locomotive w/ Proto-Sound, *00*	329	CP	[1]
20-2234-1	AT&SF E8 ABA Diesel Locomotive set w/ Proto-Sound, *00*	649	CP	[1]
20-2235-1	IC E8 ABA Diesel Locomotive set w/ Proto-Sound, *00*	649	CP	[1]
20-2236-1	Erie E8 ABA Diesel Locomotive set w/ Proto-Sound, *00*	649	540	[1]
20-2237-1	C&NW E8 ABA Diesel Locomotive set w/ Proto-Sound, *00*	649	CP	[1]
20-2238-1	New Haven FA-2 ABA Diesel Locomotive set w/ Proto-Sound, *00*	599	CP	[1]
20-2239-1	B&O FA-2 ABA Diesel Locomotive set w/ Proto-Sound, *00*	599	CP	[1]
20-2240-1	GN FA-2 ABA Diesel Locomotive set w/ Proto-Sound, *00*	599	CP	[1]
20-2241-1	LV FA-2 ABA Diesel Locomotive set w/ Proto-Sound, *00*	599	CP	[1]
20-2242-1	UP DC-3 Rail Inspection Car w/ Proto-Sound, *00*	349	320	[1]
20-2243-1	CN FA-2 ABA Diesel Locomotive set w/ Proto-Sound, *00*	599	CP	[1]
20-2244-1	Amtrak Genesis Diesel Locomotive w/ Proto-Sound, *00*	329	315	[1]
20-2250-1	CB&Q Pioneer Zephyr Diesel Passenger set w/ Proto-Sound, *00*	599	CP	[1]
20-2251-1	UP 3-car Weed Sprayer set, 00	379	CP	[1]
20-2252-1	UP U50C Diesel Locomotive w/ Proto-Sound, *00*	429	400	[1]
20-2253-1	FEC GP38-2 Diesel Locomotive w/ Proto-Sound, *00*	329	CP	[1]
20-2254-1	DM&IR GP38-2 Diesel Locomotive w/ Proto-Sound, *00*	329	CP	[1]
20-2255-1	AT&SF GP38-2 Diesel Locomotive w/ Proto-Sound, *00*	329	CP	[1]

PREMIER • 20-2256-1 – 20-2290-1   MSRP   LN   Cond/$

Item	Description	MSRP	LN	Cond/$
20-2256-1	D&H GP38-2 Diesel Locomotive w/ Proto-Sound, *OO*	329	CP	[1]
20-2257-1	New Haven EF 3b Class Electric w/ Proto-Sound, *OO*	599	CP	[1]
20-2258-1	B&O E6 ABA Diesel Locomotive set w/ Proto-Sound, *OO*	649	CP	[1]
20-2258-2	B&O E6 ABA Diesel Locomotive set, 2-Rail, *OO*	649	CP	[1]
20-2259-1	City of SF E6 ABA Diesel Locomotive set w/ Proto-Sound, *OO*	649	CP	[1]
20-2259-2	City of SF E6 ABA Diesel Locomotive set, 2-Rail, *OO*	649	CP	[1]
20-2260-1	MP E6 ABA Diesel Locomotive set w/ Proto-Sound, *OO*	649	CP	[1]
20-2260-2	MP E6 ABA Diesel Locomotive set, 2-Rail, *OO*	649	CP	[1]
20-2261-1	UP Propane Turbine Locomotive set w/ Proto-Sound, *OO*	699	670	[1]
20-2262-1	Amtrak E60 Electric w/ Proto-Sound, *OO*	349	CP	[1]
20-2263-1	Virginian E60 Electric w/ Proto-Sound, *OO*	349	CP	[1]
20-2264-1	NJ Transit E60 Electric w/ Proto-Sound, *OO*	349	CP	[1]
20-2265-1	AT&SF AC6000 Diesel Locomotive w/ Proto-Sound, *OO*	349	330	[1]
20-2266-1	CSX AC6000 Diesel Locomotive w/ Proto-Sound, *OO*	349	CP	[1]
20-2267-1	Norfolk Southern Dash 9 Diesel Locomotive w/ Proto-Sound, *OO*	349	CP	[1]
20-2268-1	BNSF Dash 9 Diesel Locomotive w/ Proto-Sound, *OO*	349	CP	[1]
20-2269-1	CP Rail Dash 9 Diesel Locomotive w/ Proto-Sound, *OO*	349	CP	[1]
20-2270-1	UP Dash 9 Diesel Locomotive w/ Proto-Sound, *OO*	349	CP	[1]
20-2271-1	M&STL FT ABA Diesel set, *01*	629	CP	[1]
20-2272-1	D&RG FT ABA Diesel set, *01*	629	CP	[1]
20-2273-1	AT&SF FT ABA Diesel set, *01*	629	CP	[1]
20-2274-1	Conrail GP30 Diesel Locomotive, *01*	329	CP	[1]
20-2275-1	Chessie GP30 Diesel Locomotive, *01*	329	CP	[1]
20-2276-1	NYC GP30 Diesel Locomotive, *01*	329	CP	[1]
20-2277-1	EMD FT ABA Diesel set, *01*	629	CP	[1]
20-2278-1	BNSF GP9 Diesel Locomotive, *01*	329	CP	[1]
20-2279-1	Jersey Central GP9 Diesel Locomotive, *01*	329	CP	[1]
20-2280-1	Wabash GP9 Diesel Locomotive, *01*	329	CP	[1]
20-2281-1	UP SD24 Diesel Locomotive, *01*	329	CP	[1]
20-2282-1	Southern SD24 Diesel Locomotive, *01*	329	CP	[1]
20-2283-1	MTA R32 4-car Subway set, *01*	499	CP	[1]
20-2284-1	EMD GP30 Diesel Locomotive, *01*	329	CP	[1]
20-2288-1	UP SD70M Diesel Locomotive, *01*	349	CP	[1]
20-2289-1	Ontario Northland SD70M Diesel Locomotive, *01*	349	CP	[1]
20-2290-1	Alaska SD70M Diesel Locomotive Boxed set, *01*	599	CP	[1]

PREMIER • 20-2292-1 – 20-3008-1 MSRP LN Cond/$

Item	Description	MSRP	LN	Cond/$
20-2292-1	D&H Sharknose AB Diesel set, *01*	549	CP	___ 1
20-2293-1	PRR Sharknose AB Diesel set, *01*	549	CP	___ 1
20-2294-1	NYC Sharknose AB Diesel set, *01*	549	CP	___ 1
20-2295-1	CalTrain GP9 Diesel Locomotive, *01*	329	CP	___ 1
20-2296-1	GN SD24 Diesel Locomotive, *01*	329	CP	___ 1
20-2297-1	CB&Q SD24 Diesel Locomotive, *01*	329	CP	___ 1
20-2298-1	UP M10000 Diesel Passenger set, *01*	599	CP	___ 1
20-2299-1	Canadian Pacific SD90MAC Diesel Locomotive, *01*	399	CP	___ 1
20-2300-1	NS SD80MAC Diesel Locomotive, *01*	399	CP	___ 1
20-2301-1	CSX SD80MAC Diesel Locomotive, *01*	399	CP	___ 1
20-2302-1	PRR 2500 HP Transfer Diesel Locomotive, *01*	429	CP	___ 1
20-2303-1	ACL E-8 ABA Diesel Locomotive set, *01*	699	CP	___ 1
20-2304-1	MILW E-8 ABA Diesel Locomotive set, *01*	699	CP	___ 1
20-2305-1	GN E-8 ABA Diesel Locomotive set, *01*	699	CP	___ 1
20-2306-1	SP F-3 ABA Diesel set, *01*	649	CP	___ 1
20-2307-1	CB&Q F-3 ABA Diesel set, *01*	649	CP	___ 1
20-2308-1	Seaboard GP40 Diesel Locomotive, *01*	369	CP	___ 1
20-2309-1	WP GP40 Diesel Locomotive, *01*	369	CP	___ 1
20-2310-1	CNW GP40 Diesel Locomotive, *01*	369	CP	___ 1
20-2311-1	WM GP40 Diesel Locomotive, *01*	369	CP	___ 1
20-2312-1	Seaboard Centipede AA Diesel set, *01*	749	CP	___ 1
20-2313-1	Rock Island BL-2 Diesel Locomotive, *01*	369	CP	___ 1
20-2314-1	C&O BL-2 Diesel Locomotive, *01*	369	CP	___ 1
20-2315-1	Bangor & Aroostook BL-2 Diesel Locomotive, *01*	369	CP	___ 1
20-2316-1	B&M BL-2 Diesel Locomotive, *01*	369	CP	___ 1
20-2317-1	NYC E-8 ABA Diesel Locomotive set, *01*	699	CP	___ 1
20-2318-1	RF&P E-8 ABA Diesel Locomotive set, *01*	699	CP	___ 1
20-2319-1	Amtrak California Pacific F59PH Diesel Locomotive, *01*	379	CP	___ 1
20-2320-1	Amtrak Northwest F59PH Diesel Locomotive, *01*	379	CP	___ 1
20-3000-1	UP 4-6-6-4, Challenger Steam Locomotive, *94*	1295	2700	___ 2
20-3001-1	UP 4-6-6-4, Challenger Steam Locomotive, *94*	1295	2500	___ 1
20-3002-1	UP 4-6-6-4 Challenger Steam Locomotive, *94*	1295	2800	___ 1
20-3003-1	D&RGW 4-6-6-4 Challenger Steam Locomotive, *94*	1295	2900	___ 1
20-3004-1	Clinchfield RR 4-6-6-4 Challenger Steam Locomotive, *94*	1295	2500	___ 1
20-3005-1	Southern 4-6-2 Ps-4 Steam Locomotive w/ Proto-Sound, *94*	899	1300	___ 1
20-3006-1	Southern 4-6-2 Ps-4 Steam Locomotive w/ Proto-Sound, *94*	899	1050	___ 1
20-3007-1	NYC 4-6-2 USRA Heavy Pacific Steam Locomotive w/ Proto-Sound, *94*	899	800	___ 1
20-3008-1	AT&SF 4-6-2 USRA Heavy Pacific Steam Loco w/ Proto-Sound, *94*	899	940	___ 1

PREMIER • 20-3009-1 – 20-3023-2

Item	Description	MSRP	LN	Cond/$
20-3009-1	N&W 2-8-8-2 Y6b Steam Locomotive w/ Proto-Sound, *95*	1295	2250	___ [1]
20-3009-2	N&W 2-8-8-2 Y6b Steam Locomotive, 2-Rail, *95*	1295	2000	___ [1]
20-3010-1	B&O 2-8-8-2 Y3 Steam Locomotive w/ Proto-Sound, *95*	1295	2000	___ [1]
20-3011-1	PRR 2-8-8-2 Y3 Steam Locomotive w/ Proto-Sound, *95*	1295	2150	___ [1]
20-3012-1	UP 2-8-8-2 Y3 Steam Locomotive w/ Proto-Sound, *95*	1295	1900	___ [1]
20-3013-1	AT&SF 4-8-4 Northern Steam Locomotive #2903 w/ Proto-Sound, *95*	999	1200	___ [1]
20-3013-2	AT&SF 4-8-4 Northern Steam Locomotive #2903, 2-Rail, *95*	999	1200	___ [1]
20-3014-1	AT&SF 4-8-4 Northern Steam Locomotive #2912, *95*	999	1200	___ [1]
20-3014-2	AT&SF 4-8-4 Northern Steam Locomotive #2912, 2-Rail, *95*	999	1050	___ [1]
20-3015-1	AT&SF 4-8-4 Northern Steam Locomotive #2921 w/ Proto-Sound, *95*	999	1150	___ [1]
20-3015-2	AT&SF 4-8-4 Northern Steam Locomotive #2921, 2-Rail, *95*	999	1200	___ [1]
20-3016-1	NYC 4-6-4 Empire State Express Steam Locomotive w/ Proto-Sound, *95*	899	1250	___ [1]
20-3016-2	NYC 4-6-4 Empire State Express Steam Locomotive 2-Rail, *95*	899	1400	___ [1]
20-3017-1	C&O 2-6-6-6 Allegheny Steam Locomotive w/ Proto-Sound, *96*	1395	1700	___ [4]
20-3017-2	C&O 2-6-6-6 Allegheny Steam Locomotive, 2-Rail, *96*	1395	2700	___ [1]
20-3018-1	PRR 4-6-2 K-4s Pacific Steam Locomotive w/ Proto-Sound, *96*	899	1050	___ [1]
20-3018-2	PRR 4-6-2 K-4s Pacific Steam Locomotive 2-Rail, *96*	899	1100	___ [1]
20-3019-1	PRR 4-6-2 K-4s Pacific Steam Locomotive w/ Proto-Sound, *96*	899	1050	___ [1]
20-3019-2	PRR 4-6-2 K-4s Pacific Steam Locomotive 2-Rail, *96*	899	980	___ [1]
20-3020-1	NYC 4-6-4 J-1e Hudson Steam Locomotive w/ Proto-Sound, *96*	899	1200	___ [3]
20-3020-2	NYC 4-6-4 J-1e Hudson Steam Locomotive 2-Rail, *96*	899	1300	___ [1]
20-3021-1	UP 4-8-8-4 Big Boy Steam Locomotive w/ Proto-Sound, *97*	1395	1750	___ [4]
20-3021-2	UP 4-8-8-4 Big Boy Steam Locomotive, 2-Rail, *97*	1395	1900	___ [1]
20-3022	UP Auxiliary Water Tender I, *97*	199	355	___ [1]
20-3023-1	WVP&P 4-Truck Shay Steam Locomotive w/ Proto-Sound, *97*	1095	1100	___ [5]
20-3023-2	WVP&P 4-Truck Shay Steam Locomotive 2-Rail, *97*	1095	930	___ [1]

PREMIER • 20-3024-1 – 20-3043-1   MSRP   LN   Cond/$

		MSRP	LN	Cond/$
20-3024-1	N&W J Steam Locomotive w/ Proto-Sound, *97*	999	1050	___ 2
20-3024-2	N&W J Steam Locomotive, 2-Rail, *97*	999	820	___ 1
20-3025-1	SP Cab-Forward Steam Locomotive w/ Proto-Sound, *98*	1399	1150	___ 1
20-3025-2	SP Cab-Forward Steam Locomotive, 2-Rail, *98*	1399	1350	___ 1
20-3026	N&W Auxiliary Water Tender II, *98*	199	230	___ 1
20-3027	Auxiliary Water Tender II, *97*	199	225	___ 1
20-3028-1	CNJ 4-6-2 Blue Comet Steam Locomotive, 3-Rail, *98*	899	1100	___ 1
20-3028-2	CNJ 4-6-2 Blue Comet Steam Locomotive, 2-Rail, *98*	899	950	___ 1
20-3029-1	SP 4-8-4 Gs-4 Steam Locomotive, 3-Rail, *98*	999	1250	___ 2
20-3029-2	SP 4-8-4 Gs-4 Steam Locomotive, 2-Rail, *98*	999	1000	___ 1
20-3030-1	DM&IR 2-8-8-4 Yellowstone Steam Locomotive w/ Proto-Sound, *99*	1399	1400	___ 3
20-3030-2	DM&IR 2-8-8-4 Yellowstone Steam Locomotive w/ Proto-Sound, *99*	1395	1350	___ 1
20-3031-1	PRR 4-6-0 G-5 Steam Locomotive w/ Proto-Sound, *99*	699	740	___ 2
20-3031-2	PRR 4-6-0 G-5 Steam Locomotive, 2-Rail, *99*	699	700	___ 1
20-3032-1	Nickel Plate 2-8-4 Berkshire Steam Locomotive, 3-Rail, *99*	899	900	___ 3
20-3032-2	Nickel Plate 2-8-4 Berkshire Steam Locomotive, 2-Rail, *99*	899	900	___ 1
20-3034	C&NW 4-6-4 E-4 Hudson Steamer, *99*	899	970	___ 2
20-3035	C&O 4-8-4 Greenbrier Steamer, *99*	899	870	___ 1
20-3036-1	N&W 2-6-6-4 Class A Steam Locomotive, 3-Rail w/ Proto-Sound, *99–00*	1399	1300	___ 5
20-3036-2	N&W 2-6-6-4 Class A Steam Locomotive, 2-Rail, *99*	1399	1350	___ 1
20-3037	WP Auxiliary Water Tender, *99–00*	249	190	___ 1
20-3038-1	PRR 4-4-2 Atlantic Steam Locomotive, 3-Rail w/ Proto-Sound, *99–00*	599	540	___ 1
20-3038-2	PRR 4-4-2 Atlantic Steam Locomotive, 2-Rail, *99–00*	599	CP	___ 1
20-3039-1	Climax Logging Locomotive w/ Proto-Sound, *00*	1099	1500	___ 1
20-3039-2	Climax Logging Locomotive, 2-Rail, *00*	1099	1090	___ 1
20-3040-1	NYC Millennium 4-6-4 J-1E Steam Loco, 3-Rail w/ Proto-Sound, *99–00*	1299	1500	___ 2
20-3042-1	C&O M-1 Steam Turbine Electric, 3-Rail w/ Proto-Sound, *99–00*	999	910	___ 3
20-3042-2	C&O M-1 Steam Turbine Electric Locomotive, 2-Rail, *99–00*	999	900	___ 1
20-3043-1	PRR T-1 Duplex Steam Locomotive, 3-Rail w/ Proto-Sound, *99–00*	1299	1200	___ 3

PREMIER • 20-3043-2 – 20-4022

Item	Description	MSRP	LN	Cond/$
20-3043-2	PRR T-1 Duplex Steam Locomotive, 2-Rail, *99–00*	1299	1200	___[1]
20-3044-1	UP FEF 4-8-4 Northern Steam Locomotive w/ Proto-Sound, *00*	999	980	___[1]
20-3045-1	NYC 4-6-4 Dreyfuss Steam Locomotive w/ Proto-Sound, *00*	899	1050	___[1]
20-3046	N&W Auxiliary Water Tender II, *00*	249	CP	___[1]
20-3047-1	NYC 4-8-4 Niagara Steam Locomotive w/ Proto-Sound, *00*	999	980	___[1]
20-3048-1	PRR 4-4-6-4 Q2 Steam Locomotive w/ Proto-Sound, *00*	1299	1250	___[1]
20-3051-1	NYC 2-8-2 USRA Light Mikado Steam Locomotive, *01*	699	CP	___[1]
20-3052-1	NKP 2-8-2 USRA Light Mikado Steam Locomotive, *01*	699	CP	___[1]
20-3053-1	UP 2-8-2 USRA Light Mikado Steam Locomotive, *01*	699	CP	___[1]
20-3054-1	GN 2-8-8-2 R-2 Steam Locomotive, *01*	1395	CP	___[1]
20-3055-1	PRR 2-8-0 H10s Consolidation Steam Locomotive, *01*	649	CP	___[1]
20-3056-1	AT&SF 2-10-4 Texas Steam Locomotive, *01*	1095	CP	___[1]
20-3057-1	CN 4-8-2 U1F Mountain Steam Locomotive, *01* 6060	1095	CP	___[1]
20-3058-1	N&W 4-8-4 Unshrouded J Steam Locomotive, *01*	1095	CP	___[1]
20-4001	B&O 5-car 70' Madison Passenger set, *95*	299	400	___[1]
20-4002	D&H 5-car 70' Madison Passenger set, *95*	299	400	___[1]
20-4003	D&RGW 5-car 70' Madison Passenger set, *95*	299	495	___[1]
20-4004	N&W 5-car 70' Madison Passenger set, *95*	299	400	___[1]
20-4005	NYC 5-car 70' Madison Passenger set, *95*	299	375	___[1]
20-4006	PRR 5-car 70' Madison Passenger set, *95*	299	365	___[1]
20-4007	AT&SF 5-car 70' Madison Passenger set, *95*	299	370	___[1]
20-4008	Southern 5-car 70' Madison Passenger set, *95*	299	450	___[1]
20-4009	T&P 5-car 70' Madison Passenger set, *95*	299	495	___[1]
20-4010	LV 5-car 70' Madison Passenger set, *95*	299	450	___[1]
20-4011	UP 5-car 70' Madison Passenger set, *95*	299	460	___[1]
20-4012	CNJ 5-car 70' Madison Passenger set, *95*	300	300	___[1]
20-4013	C&O 5-car 70' Madison Passenger set, *95*	299	340	___[1]
20-4014	NP 5-car 70' Madison Passenger set, *95*	299	450	___[1]
20-4015	Milwaukee Road 5-car 70' Madison Passenger set, *95*	299	365	___[1]
20-4016	Frisco 5-car 70' Madison Passenger set, *95*	299	390	___[1]
20-4018	PRR 5-car 70' Madison Passenger set, *96*	299	280	___[1]
20-4019	NYC 5-car 70' Madison Passenger set, *96*	299	240	___[1]
20-4020	5-car 70' Madison Passenger set, *96*	299	325	___[1]
20-4021	CNJ 5-car 70' Madison Passenger set, *98*	249	290	___[1]
20-4022	NYC 5-car 70' Madison Passenger set, *98*	249	200	___[1]

PREMIER • 20-4023 – 20-4122　　　　　　　　　　**MSRP　LN　Cond/$**

20-4023	PRR 5-car 70' Madison Passenger set, *98*	249	225	[1]
20-4024	N&W 5-car 70' Madison Passenger set, *98*	249	230	[1]
20-4025	Pennsylvania 5-car 70' Madison Passenger set, *99*	249	225	[1]
20-4026	NYC 5-car 70' Madison Passenger set, *99*	249	225	[1]
20-4027	B&M 5-car 70' Madison Passenger set, *99*	249	240	[1]
20-4028	C&O 5-car Madison set, *99*	249	220	[1]
20-4029	NYC Millennium 5-car 70' Madison Passenger set, *99–00*	499	425	[1]
20-4030	C&NW 5-car 70' Madison Passenger set, *99–00*	249	CP	[1]
20-4031	UP 5-car 70' Madison Passenger set, *99–00*	249	235	[1]
20-4032	PRR 5-car 70' Madison Passenger set, *00*	249	230	[1]
20-4033	Pullman 5-car 70' Madison Passenger set, *00*	249	230	[1]
20-4034	Nickel Plate Road 5-car 70' Madison Passenger set, *00*	249	230	[1]
20-4035	LV 5-car 70' Madison Passenger set, *00*	249	230	[1]
20-4036	Southern 5-car 70' Madison Passenger set, *00*	249	230	[1]
20-4101	B&O 2-car 70' Madison Combine/Diner Passenger set, *95*	149	190	[1]
20-4102	D&RGW 2-car 70' Madison Combine/Diner Passenger set, *95*	149	160	[1]
20-4103	D&RGW Madison Cars, set of 2, *94*	149	135	[1]
20-4105	NYC 2-car 70' Madison Combine/Diner Passenger set, *95*	149	180	[1]
20-4106	PRR 2-car 70' Madison Combine/Diner Passenger set, *95*	149	150	[1]
20-4107	AT&SF 2-car 70' Madison Combine/Diner Passenger set, *95*	149	150	[1]
20-4108	Southern 2-car 70' Madison Combine/Diner Passenger set, *95*	149	175	[1]
20-4109	T&P 2-car 70' Madison Combine/Diner Passenger set, *95*	149	170	[1]
20-4110	LV 2-car 70' Madison Combine/Diner Passenger set, *95*	149	175	[1]
20-4111	UP Madison Cars, set of 2, *94*	149	200	[1]
20-4114	NP 2-car 70' Madison Combine/Diner Passenger set, *97*	149	175	[1]
20-4118	PRR 2-car 70' Madison Combine/Diner Passenger set, *97*	149	165	[1]
20-4119	NYC 2-car 70' Madison Combine/Diner Passenger set, *97*	149	105	[1]
20-4120	Pullman 2-car 70' Madison Combine/Diner Passenger set, *97*	149	120	[1]
20-4121	CNJ 2-car 70' Madison Combine/Diner Passenger set, *99*	99	90	
20-4122	NYC 2-car 70' Madison Combine/Diner Passenger set, *99*	99	90	[1]

PREMIER • 20-4124 – 20-5510-2   MSRP   LN   Cond/$

Item	Description	MSRP	LN	Cond/$
20-4124	N&W 2-car 70' Madison Combine/Diner Passenger set, *99*	99	90	___[1]
20-4125	Pennsylvania 2-car 70' Madison Combine/Diner Passenger set, *99*	99	90	___[1]
20-4126	NYC 2-car 70' Madison Combine/Diner Passenger set, *99*	99	90	___[1]
20-4127	B&M 2-car 70' Madison Combine/Diner Passenger set, *99*	99	90	___[1]
20-4128	C&O 2-car 70' Madison Combine/Diner Passenger set, *99–00*	99	CP	___[1]
20-4129	2-car 70' Madison Combine/Diner Passenger set, *00*	199	190	___[1]
20-4130	C&NW 2-car 70' Madison Combine/Diner Passenger set, *99–00*	99	CP	___[1]
20-4131	UP 2-car 70' Madison Combine/Diner Passenger set, *99–00*	99	CP	___[1]
20-4132	PRR 2-car 70' Madison Combine/Diner Passenger set, *00*	99	CP	___[1]
20-4133	Pullman 2-car 70' Madison Combine/Diner Passenger set, *00*	99	CP	___[1]
20-4134	Nickel Plate Road 2-car 70' Madison Combine/Diner Passenger set, *00*	99	CP	___[1]
20-4135	LV 2-car 70' Madison Combine/Diner Passenger set, *00*	99	CP	___[1]
20-4136	Southern 2-car 70' Madison Combine/Diner Passenger set, *00*	99	CP	___[1]
20-4801	B&O Scale Madison set, *94*	300	300	___[1]
20-5001	SP 2-8-0, C-9, Gauge 1, Electric, *94*		NM	___[1]
20-5002	SP 2-8-0, C-9, Gauge 1, Live Steam, *94*		NM	___[1]
20-5003	SP 2-8-0, C-9, Gauge 1, Live Steam Kit, *94*		NM	___[1]
20-5501-1	PRR GG-1 Electric Locomotive, Scale w/ Proto-Sound, *97*	599	690	___[1]
20-5502-1	Conrail GG-1 Electric Locomotive, Scale w/ Proto-Sound, *97*	599	550	___[1]
20-5503-1	PRR GG-1 Electric Locomotive, Scale w/ Proto-Sound, *99*	599	580	___[1]
20-5504-1	PRR GG-1 Electric Locomotive, Scale w/ Proto-Sound, *99*	599	590	___[1]
20-5505-1	Amtrak AEM7 Electric Locomotive, 3-Rail, *99*	329	375	___[1]
20-5506-1	SEPTA AEM7 Electric Locomotive, 3-Rail, *99*	329	315	___[2]
20-5507-1	NYC P-2 Boxcab Electric, *99*	599	630	___[2]
20-5508-1	NH E-33 Electric Rectifier Locomotive, 3-Rail w/ Proto-Sound, *99–00*	329	295	___[1]
20-5509-1	Conrail E-33 Electric Rectifier, 3-Rail w/ Proto-Sound, *99–00*	329	295	___[1]
20-5510-1	PRR P-5a Modified Electric w/ Proto-Sound, *00*	599	CP	___[1]
20-5510-2	PRR P-5a Modified Electric, 2-Rail, *00*	599	CP	___[1]

PREMIER • 20-5511-1 – 20-6105   MSRP   LN Cond/$

20-5511-1	Milwaukee Road E2 Bipolar Electric w/ Proto-Sound, *00*	649	CP	___ [1]
20-5511-2	Milwaukee Road E2 Bipolar Electric, 2-Rail, *00*	649	CP	___ [1]
20-6001	UP 5-car 60' Aluminum Passenger set, *95*	375	405	___ [1]
20-6002	D&RGW 5-car 60' Aluminum Passenger set, *95*	375	490	___ [1]
20-6003	PRR 5-car 60' Aluminum Passenger set, *95*	375	310	___ [1]
20-6004	CB&Q 5-car 60' Aluminum Passenger set, *95*	375	490	___ [1]
20-6005	FEC 5-car 60' Aluminum Passenger set, *95*	375	510	___ [1]
20-6006	D&H 5-car 60' Aluminum Passenger set, *95*	375	425	___ [1]
20-6007	PRR 5-car 60' Aluminum Passenger set, *95*	375	375	___ [1]
20-6008	B&O 5-car 60' Aluminum Passenger set, *95*	375	475	___ [1]
20-6009	AT&SF 5-car 60' Aluminum Passenger set, *95*	375	465	___ [1]
20-6010	NYC 5-car 60' Aluminum Passenger set, *95*	375	475	___ [1]
20-6011	CP 5-car 60' Aluminum Passenger set, *95*	375	525	___ [1]
20-6012	B&O 5-car 60' Aluminum Passenger set, *95*	375	450	___ [1]
20-6013	NYC 5-car 60' Aluminum Passenger set, *96*	299	340	___ [1]
20-6014	N&W 5-car 60' Aluminum Passenger set, *96*	299	470	___ [1]
20-6015	UP 5-car 60' Aluminum Passenger set, *96*	299	365	___ [1]
20-6016	AT&SF 5-car 60' Aluminum Passenger set, *96*	299	340	___ [1]
20-6017	PRR 5-car 60' Aluminum Passenger set, *96*	299	330	___ [1]
20-6018	AT&SF 5-car 60' Aluminum Passenger set, *96*	299	385	___ [1]
20-6019	UP 5-car 60' Aluminum Passenger set, *96*	299	280	___ [2]
20-6020	L&N 5-car 60' Aluminum Passenger set, *97*	299	295	___ [1]
20-6021	AT&SF 5-car 60' Aluminum Passenger set, *97*	299	380	___ [1]
20-6022	B&O 4-car 60' Aluminum Passenger set, Ribbed, *00*	299	240	___ [1]
20-6023	AT&SF 4-car 60' Aluminum Passenger set, Ribbed, *00*	299	240	___ [1]
20-6102	D&RGW 2-car 60' Sleeper/Diner Aluminum Passenger set, *96*	160	185	___ [1]
20-6104	CB&Q 2-car 60' Sleeper/Diner Aluminum Passenger set, *96*	160	175	___ [1]
20-6105	FEC 2-car 60' Sleeper/Diner Aluminum Passenger set, *96*	160	185	___ [1]

PREMIER • 20-6108 – 20-6514

No.	Description	MSRP	LN	Cond/$
20-6108	B&O 2-car 60' Sleeper/Diner Aluminum Passenger set, *96*	160	160	___[1]
20-6112	B&O 2-car 60' Sleeper/Diner Aluminum Passenger set, *96*	160	160	___[1]
20-6113	NYC 2-car 60' Sleeper/Diner Aluminum Passenger set, *96*	160	160	___[1]
20-6114	N&W 2-car 60' Sleeper/Diner Aluminum Passenger set, *96*	160	130	___[1]
20-6116	AT&SF 2-car 60' Sleeper/Diner Aluminum Passenger set, *96*	160	165	___[1]
20-6117	PRR 2-car 60' Sleeper/Diner Aluminum Passenger set, *96*	160	125	___[1]
20-6118	AT&SF 2-car 60' Sleeper/Diner Aluminum Passenger set, *96*	160	185	___[1]
20-6119	UP 2-car 60' Sleeper/Diner Aluminum Passenger set, *96*	160	150	___[1]
20-6120	L&N 2-car 60' Sleeper/Diner Aluminum Passenger set, *97*	160	180	___[1]
20-6121	AT&SF 2-car 60' Sleeper/Diner Aluminum Passenger set, *97*	159	175	___[1]
20-6122	AT&SF 2-car 60' Sleeper/Diner Aluminum Passenger set, *97*	159	190	___[1]
20-6500	ACL 5-car 70' Aluminum Passenger set, Smooth, Painted, *96*	399	700	___[1]
20-6501	ACL 5-car 70' Aluminum Passenger set, Plated, *96*	399	485	___[1]
20-6502	C&O 5-car 70' Aluminum Passenger set, Smooth, Painted, *96*	399	500	___[1]
20-6503	Southern 5-car 70' Aluminum Passenger set, Plated, *96*	399	425	___[1]
20-6504	NYC 5-car 70' Aluminum Passenger set, Plated, *96*	399	450	___[1]
20-6505	CB&Q 5-car 70' Aluminum Passenger set, Plated, *96*	399	630	___[1]
20-6506	UP 5-car 70' Aluminum Passenger set, Smooth, Painted, *96*	399	450	___[1]
20-6507	PRR 5-car 70' Aluminum Passenger set, Smooth, Painted, *97*	399	400	___[2]
20-6508	Amtrak 5-car 70' Aluminum Passenger set, Painted, *97*	399	390	___[2]
20-6509	NYC 5-car 70' Aluminum Passenger set, Plated, *97*	399	435	___[1]
20-6510	UP 5-car 70' Aluminum Passenger set, Smooth, Painted, *97*	399	390	___[2]
20-6511	B&O 5-car 70' Aluminum Passenger set, Smooth, Painted, *97*	399	365	___[1]
20-6512	Rock Island 5-car 70' ABS Passenger set, Ribbed, *97*	249	245	___[1]
20-6513	B&O 5-car 70' ABS Passenger set, Ribbed, *97*	249	275	___[1]
20-6514	N&W 5-car 70' ABS Passenger set, Smooth, *97*	249	250	___[1]

PREMIER • 20-6515 – 20-6543

		MSRP	LN	Cond/$
20-6515	SCL 5-car 70' ABS Passenger set, Ribbed, *97*	249	275	___ 2
20-6516	NYC 5-car 70' ABS Passenger set, Smooth, Painted, *98*	249	235	___ 1
20-6517	Southern 5-car 70' ABS Passenger set, Smooth, Painted, *98*	249	260	___ 1
20-6518	ARR 5-car 70' ABS Passenger set, Smooth, Painted, *98*	249	255	___ 2
20-6519	Amtrak 4-car Amfleet Passenger set, *98*	199	200	___ 1
20-6520	Metra 4-car Amfleet Passenger set, *98*	199	200	___ 1
20-6521	CalTran 4-car Amfleet Passenger set, *98*	199	190	___ 1
20-6522	Mass Bay 4-car Amfleet Passenger set, *98*	199	220	___ 1
20-6523	SP 5-car 70' ABS Passenger set, Smooth, Painted, *98*	249	300	___ 1
20-6524	Amtrak 4-car Scale Superliner set, *98*	249	235	___ 1
20-6525	New Haven 70' ABS Passenger Coach, Ribbed, *99*	54	65	___ 1
20-6526	Nickel Plate 5-car 70' ABS Passenger set, Ribbed, *99*	249	200	___ 1
20-6527	LV 5-car 70' ABS Passenger set, Ribbed, *99*	249	230	___ 1
20-6528	MP 5-car 70' ABS Passenger set, Ribbed, *99*	249	330	___ 1
20-6529	SP 5-car 70' ABS Passenger set, Ribbed, *99*	249	250	___ 1
20-6530	PRR 5-car 70' ABS Passenger set, Ribbed, *99*	249	225	___ 1
20-6531	Amtrak 4-car Amfleet Passenger set, *99*	199	160	___ 1
20-6532	SEPTA 4-car Amfleet Passenger set, *99*	199	180	___ 1
20-6533	Pere Marquette 5-car 70' ABS Streamlined Passenger set, *99*	249	240	___ 1
20-6534	EMD 5-car 70' ABS Streamlined Passenger set, *99*	249	230	___ 1
20-6535	KCS 5-car 70' ABS Streamlined Passenger set, *99*	249	260	___ 1
20-6536	C&NW 5-car 70' ABS Streamlined Passenger set, *99*	249	250	___ 1
20-6537	Amtrak 4-car, 5-stripe Scale Superliner set, *99*	249	220	___ 1
20-6538	UP 5-car 70' ABS Streamlined Passenger set, *99*	249	255	___ 1
20-6539	Amtrak 2-car, 3-stripe Superliner Sleeper/Diner set, *99*	125	115	___ 1
20-6540	Amtrak 3-stripe Superliner Transitional Sleeper Car, *99*	65	55	___ 1
20-6541	Amtrak 2-car, 5-stripe Superliner Sleeper/Diner set, *99*	125	110	___ 1
20-6542	Amtrak 5-stripe Superliner Transitional Sleeper Car, *99*	65	60	___ 1
20-6543	AT&SF 5-car 70' ABS Passenger set, Ribbed, *99–00*	249	225	___ 1

PREMIER • 20-6545 – 20-6572

		MSRP	LN	Cond/$
20-6545	Cal Zephyr 5-car 70' ABS Passenger set, Ribbed, *99–00*	249	CP	____[1]
20-6546	Wabash 5-car 70' ABS Passenger set, Ribbed, *99–00*	249	CP	____[1]
20-6547	CP 5-car 70' ABS Passenger set, Ribbed, *99–00*	249	CP	____[1]
20-6548	Amtrak 5-car 70' ABS Passenger set, Ribbed, *99–00*	249	CP	____[1]
20-6549	Chessie 5-car 70' ABS Passenger set, Ribbed, *99–00*	249	220	____[1]
20-6550	FEC 5-car 70' ABS Passenger set, Ribbed, *99–00*	249	180	____[1]
20-6551	GN 5-car 70' ABS Passenger set, Smooth, *99–00*	249	240	____[1]
20-6552	Milwaukee Road 5-car 70' ABS Passenger set, Smooth, *99–00*	249	250	____[1]
20-6553	UP 5-car 70' ABS Passenger set, Smooth, *00*	249	240	____[1]
20-6554	NYC 5-car 70' ABS Passenger set, Smooth, *00*	249	240	____[1]
20-6555	Amtrak 4-car Amfleet Passenger set, *00*	199	190	____[1]
20-6556	Amtrak 4-car Amfleet Passenger set, *00*	199	190	____[1]
20-6557	PRR 5-car 70' ABS Passenger set, Smooth, *00*	249	240	____[1]
20-6558	C&NW 4-car Scale Bilevel Passenger set, *00*	249	CP	____[1]
20-6559	Metra 4-car Scale Bilevel Passenger set, *00*	249	CP	____[1]
20-6560	Erie 5-car 70' ABS Passenger set, Smooth, *00*	249	205	____[1]
20-6561	IC 5-car 70' ABS Passenger set, Smooth, *00*	249	240	____[1]
20-6562	New Haven 5-car 70' ABS Passenger set, Smooth, *00*	249	CP	____[1]
20-6563	Amtrak 4-car Amfleet Passenger set, *00*	199	CP	____[1]
20-6564	NJ Transit 4-car Amfleet Passenger set, *00*	199	CP	____[1]
20-6565	B&O 5-car 70' ABS Passenger set, Smooth, *00*	249	CP	____[1]
20-6566	City of SF 5-car 70' ABS Passenger set, Smooth, *00*	249	CP	____[1]
20-6567	MoPac 5-car 70' ABS Passenger set, Smooth, *00*	249	CP	____[1]
20-6568	NYC 5-car 70' ABS Passenger set, Smooth, *00*	249	CP	____[1]
20-6569	Virginian 5-car 70' ABS Passenger set, Smooth, *00*	249	CP	____[1]
20-6570	AT&SF 5-car 70' ABS Passenger set, Ribbed, *01*	249	CP	____[1]
20-6571	ACL 5-car 70' ABS Passenger set, Smooth, *01*	299	CP	____[1]
20-6572	MILW 5-car 70' ABS Passenger set, Smooth, *01*	299	CP	____[1]

PREMIER • 20-6573 – 20-6625

		MSRP	LN	Cond/$
20-6573	GN 5-car 70' ABS Passenger set, Smooth, *01*	299	CP	[1]
20-6574	CN 5-car 70' ABS Passenger set, Smooth, *01*	299	CP	[1]
20-6575	Amtrak 4-car Scale SuperLiner set, *01*	299	CP	[1]
20-6576	NYC 5-car 70' ABS Passenger set, Smooth, *01*	299	CP	[1]
20-6577	RF&P 5-car 70' ABS Passenger set, Smooth, *01*	299	CP	[1]
20-6578	Amtrak 4-car Scale SuperLiner set, *01*	299	CP	[1]
20-6600	ACL 2-car 70' Aluminum Sleeper/Diner set, Painted, *96*	199	250	[1]
20-6601	ACL 2-car 70' Aluminum Sleeper/Diner set, Plated, *96*	199	220	[1]
20-6602	C&O 2-car 70' Aluminum Sleeper/Diner set, Painted, *96*	199	190	[1]
20-6603	Southern 2-car 70' Aluminum Sleeper/Diner set, Plated, *96*	199	200	[1]
20-6604	NYC 2-car 70' Aluminum Sleeper/Diner set, Plated, *96*	199	140	[1]
20-6605	CB&Q 2-car 70' Aluminum Sleeper/Diner set, Plated, *96*	199	225	[1]
20-6606	UP 2-car 70' Aluminum Sleeper/Diner set, Painted, *96*	199	210	[1]
20-6607	PRR 2-car 70' Aluminum Sleeper/Diner set, Painted, *97*	199	220	[1]
20-6608	Amtrak 2-car 70' Aluminum Sleeper/Diner set, Painted, *97*	199	230	[1]
20-6609	NYC 2-car 70' Aluminum Sleeper/Diner set, Painted, *97*	199	195	[1]
20-6610	UP 2-car 70' Aluminum Sleeper/Diner set, Painted, *97*	199	195	[1]
20-6611	B&O 2-car 70' Aluminum Sleeper/Diner set, Painted, *97*	199	180	[1]
20-6612	Rock Island 2-car 70' ABS Sleeper/Diner Passenger set, Ribbed, *98*	99	125	[1]
20-6613	B&O 2-car 70' Aluminum Sleeper/Diner set, Painted, *98*	99	100	[1]
20-6614	N&W 2-car 70' ABS Sleeper/Diner Passenger set, Smooth, *98*	99	100	[1]
20-6615	SCL 2-car 70' ABS Sleeper/Diner Passenger set, Ribbed, *98*	99	100	[1]
20-6616	NYC 2-car 70' ABS Sleeper/Diner Passenger set, Smooth, *98*	99	115	[1]
20-6617	Southern 2-car 70' ABS Sleeper/Diner Passenger set, Smooth, *98*	99	120	[1]
20-6618	ARR 2-car 70' ABS Sleeper/Diner Passenger set, Smooth, *98*	99	95	[1]
20-6623	SP 2-car 70' ABS Sleeper/Diner Passenger set, Smooth, *98*	99	130	[1]
20-6625	New Haven 2-car 70' ABS Sleeper/Diner Passenger set, Ribbed, *99*	99	95	[1]

PREMIER • 20-6626 – 20-6662　　　　　　　　　　MSRP　LN　Cond/$

20-6626	Nickel Plate 2-car 70' ABS Sleeper/Diner Passenger set, Ribbed, *99*	99	95 ____[1]	
20-6627	LV 2-car 70' ABS Sleeper/Diner Passenger set, Ribbed, *99*	99	95 ____[1]	
20-6628	MP 2-car 70' ABS Sleeper/Diner Passenger set, Ribbed, *99*	99	95 ____[1]	
20-6629	SP 2-car 70' ABS Sleeper/Diner Passenger set, Ribbed, *99*	99	150 ____[1]	
20-6630	PRR 2-car 70' ABS Sleeper/Diner Passenger set, Ribbed, *99*	99	90 ____[1]	
20-6633	Pere Marquette 2-car 70' ABS Sleeper/Diner Passenger set, *99*	99	100 ____[1]	
20-6634	EMD 2-car 70' ABS Sleeper/Diner Passenger set, *99*	99	90 ____[1]	
20-6635	KCS 2-car 70' ABS Sleeper/Diner Passenger set, *99*	99	85 ____[1]	
20-6636	C&NW 2-car 70' ABS Sleeper/Diner Passenger set, *99*	99	110 ____[1]	
20-6638	UP 2-car 70' ABS Sleeper/Diner Passenger set, *99*	99	145 ____[1]	
20-6643	AT&SF 2-car 70' ABS Sleeper/Diner Passenger set, Ribbed, *00*	99	85 ____[1]	
20-6645	CB&Q 2-car 70' ABS Sleeper/Diner Passenger set, Ribbed, *00*	99	CP ____[1]	
20-6646	Wabash 2-car 70' ABS Sleeper/Diner Passenger set, Ribbed, *00*	99	CP ____[1]	
20-6647	CP 2-car 70' ABS Sleeper/Diner Passenger set, Ribbed, *00*	99	CP ____[1]	
20-6648	Amtrak 2-car 70' ABS Sleeper/Diner Passenger set, Ribbed, *00*	99	CP ____[1]	
20-6649	CSX 2-car 70' ABS Sleeper/Diner Passenger set, Ribbed, *00*	99	85 ____[1]	
20-6650	FEC 2-car 70' ABS Sleeper/Diner Passenger set, Ribbed, *00*	99	CP ____[1]	
20-6651	GN 2-car 70' ABS Sleeper/Diner Passenger set, Smooth, *00*	99	CP ____[1]	
20-6652	Milwaukee Road 2-car 70' ABS Sleeper/Diner Passenger set, Smooth, *00*	99	CP ____[1]	
20-6653	UP 2-car 70' ABS Sleeper/Diner Passenger set, Smooth, *00*	99	CP ____[1]	
20-6654	NYC 2-car 70' ABS Sleeper/Diner Passenger set, Smooth, *00*	99	CP ____[1]	
20-6655	Amtrak 2-car Amfleet Passenger set, *00*	99	90 ____[1]	
20-6656	Amtrak 2-car Amfleet Passenger set, *00*	99	90 ____[1]	
20-6657	PRR 2-car 70' ABS Sleeper/Diner Passenger set, Smooth, *00*	99	CP ____[1]	
20-6660	Erie 2-car 70' ABS Sleeper/Diner Passenger set, Smooth, *00*	99	CP ____[1]	
20-6661	IC 2-car 70' ABS Sleeper/Diner Passenger set, Smooth, *00*	99	CP ____[1]	
20-6662	New Haven 2-car 70' ABS Sleeper/Diner Passenger set, Smooth, *00*	99	CP ____[1]	

PREMIER • 20-6665 – 20-6747

		MSRP	LN Cond/$
20-6665	B&O 2-car 70' ABS Sleeper/Diner Passenger set, Smooth, *00*	99	CP ___ [1]
20-6666	City of SF 2-car 70' ABS Sleeper/Diner Passenger, Smooth, *00*	99	CP ___ [1]
20-6667	MoPac 2-car 70' ABS Sleeper/Diner Passenger set, Smooth, *00*	99	CP ___ [1]
20-6668	NYC 2-car 70' ABS Sleeper/Diner Passenger set, *00*	99	CP ___ [1]
20-6669	Virginian 2-car 70' ABS Sleeper/Diner Passenger set, Smooth, *00*	99	CP ___ [1]
20-6670	AT&SF 2-car 70' ABS Sleeper/Diner Passenger set, Ribbed, *01*	99	CP ___ [1]
20-6671	ACL 2-car 70' ABS Sleeper/Diner Passenger set, Smooth, *01*	129	CP ___ [1]
20-6672	MILW 2-car 70' ABS Sleeper/Diner Passenger set, Smooth, *01*	129	CP ___ [1]
20-6673	GN 2-car 70' ABS Sleeper/Diner Passenger set, Smooth, *01*	129	CP ___ [1]
20-6674	CN 2-car 70' ABS Sleeper/Diner Passenger set, Smooth, *01*	129	CP ___ [1]
20-6675	Amtrak 2-car SuperLiner Coach set, *01*	159	CP ___ [1]
20-6676	NYC 2-car 70' ABS Sleeper/Diner Passenger set, Smooth, *01*	129	CP ___ [1]
20-6677	RF&P 2-car 70' ABS Sleeper/Diner Passenger set, Smooth, *01*	129	CP ___ [1]
20-6678	Amtrak 2-car SuperLiner Coach set, *01*	159	CP ___ [1]
20-6712	Rock Island 70' ABS Full-length Vista Dome, Ribbed, *99*	59	70 ___ [1]
20-6717	Southern 70' ABS Full-length Vista Dome, Ribbed, *99*	59	75 ___ [1]
20-6718	ARR 70' ABS Full-length Vista Dome Passenger Car, Smooth, *99*	59	90 ___ [1]
20-6719	SP 70' ABS Full-length Vista Dome Passenger Car, Smooth, *99*	59	75 ___ [1]
20-6729	MP 70' ABS Full-length Vista Dome Passenger Car, Ribbed, *99*	59	55 ___ [1]
20-6734	EMD 70' ABS Full-length Vista Dome Passenger Car, Smooth, *99–00*	59	60 ___ [1]
20-6735	KCS 70' ABS Full-length Vista Dome Passenger Car, Smooth, *99–00*	59	49 ___ [1]
20-6737	Amtrak 70' ABS Full-length Vista Dome Passenger Car, Ribbed, *00*	59	CP ___ [1]
20-6738	UP 70' ABS Full-length Vista Dome Passenger Car, Smooth, *99–00*	59	80 ___ [1]
20-6743	AT&SF 70' ABS Full-length Vista Dome Passenger Car, Ribbed, *00*	59	CP ___ [1]
20-6745	CB&Q 70' ABS Full-length Vista Dome Passenger Car, Ribbed, *00*	59	CP ___ [1]
20-6746	Wabash 70' ABS Full-length Vista Dome Passenger Car, Ribbed, *00*	59	CP ___ [1]
20-6747	CP 70' ABS Full-length Vista Dome Passenger Car, Ribbed, *00*	59	CP ___ [1]

PREMIER • 20-6749 – 20-9204 MSRP LN Cond/$

20-6749	Chessie 70' ABS Full-length Vista Dome Passenger Car, Ribbed, *00*	59	CP ____[1]
20-6750	FEC 70' ABS Full-length Vista Dome Passenger Car, Ribbed, *00*	59	CP ____[1]
20-6751	GN 70' ABS Full-length Vista Dome Passenger Car, Smooth, *00*	59	CP ____[1]
20-6752	Milwaukee Road 70' ABS Full-length Vista Dome Passenger Car, Smooth, *00*	59	CP ____[1]
20-6753	UP 70' ABS Full-length Vista Dome Passenger Car, Smooth, *00*	59	CP ____[1]
20-6760	Erie 70' ABS Full-length Vista Dome Passenger Car, Smooth, *00*	59	CP ____[1]
20-6761	IC 70' ABS Full-length Vista Dome Passenger Car, Smooth, *00*	59	CP ____[1]
20-6762	New Haven 70' ABS Full-length Vista Dome Passenger Car, Smooth, *00*	59	CP ____[1]
20-6765	B&O 70' ABS Full-length Vista Dome Passenger Car, Smooth, *00*	59	CP ____[1]
20-6766	City of SF 70' ABS Full-length Vista Dome Passenger Car, Smooth, *00*	59	CP ____[1]
20-6767	MoPac 70' ABS Full-length Vista Dome Passenger Car, Smooth, *00*	59	CP ____[1]
20-6768	NYC 70' ABS Full-length Vista Dome Passenger Car, Smooth, *00*	59	CP ____[1]
20-6769	Virginian 70' ABS Full-length Vista Dome Passenger Car, Smooth, *00*	59	CP ____[1]
20-6770	AT&SF 70' ABS Full-length Vista Dome Passenger Car, Ribbed, *01*	59	CP ____[1]
20-6771	ACL 70' ABS Full-length Vista Dome Passenger Car, Smooth, *01*	69	CP ____[1]
20-6772	MILW 70' ABS Full-length Vista Dome Passenger Car, Smooth, *01*	69	CP ____[1]
20-6773	GN 70' ABS Full-length Vista Dome Passenger Car, Smooth, *01*	69	CP ____[1]
20-6774	CN 70' ABS Full-length Vista Dome Passenger Car, Smooth, *01*	69	CP ____[1]
20-6777	RF&P 70' ABS Full-length Vista Dome Passenger Car, Smooth, *01*	69	CP ____[1]
20-7320	W&A 19th Century Wooden Tank Car, *00*	39	CP ____[1]
20-9007	UP 6-car Boxcar set, *01*	229	CP ____[1]
20-9008	UP 6-car Boxcar set, *01*	229	CP ____[1]
20-9100	UP Extended Vision Caboose, *96*	44	85 ____[1]
20-9101	PRR Extended Vision Caboose, *96*	44	50 ____[1]
20-9102	C&O Extended Vision Caboose, *96*	44	65 ____[1]
20-9103	N&W Extended Vision Caboose, *96*	44	47 ____[2]
20-9104	Chessie Extended Vision Caboose, *97*	44	50 ____[1]
20-9105	AT&SF Extended Vision Caboose, *97*	44	65 ____[1]
20-9200	BN Tank Car, *96*	42	95 ____[1]
20-9201	D&RGW Tank Car, *96*	42	95 ____[1]
20-9202	NYC Tank Car, *96*	42	85 ____[1]
20-9203	C&NW Tank Car, *96*	42	85 ____[1]
20-9204	PRR Tank Car, *97*	42	85 ____[1]

PREMIER • 20-9205 – 20-90004   MSRP   LN Cond/$

20-9205	UP Tank Car, *97*	42	110 ___[1]
20-9300	NYC Boxcar, *96*	39	55 ___[1]
20-9301	UP Boxcar, *96*	39	115 ___[1]
20-9302	PRR Boxcar, *96*	39	49 ___[1]
20-9303	AT&SF Boxcar, *96*	39	50 ___[1]
20-9304	Southern Boxcar, *97*	39	43 ___[1]
20-9305	RailBox Boxcar, *97*	39	41 ___[1]
20-9400	Pepper Packing Reefer, *96*	39	38 ___[1]
20-9401	Needham Packing Reefer, *96*	39	38 ___[1]
20-9402	National Packing Reefer, *96*	39	38 ___[1]
20-9403	C&NW Reefer, *96*	39	70 ___[1]
20-9404	BN Reefer, *97*	39	34 ___[1]
20-9405	UP Reefer, *97*	39	55 ___[1]
20-9501	TTUX Husky-Stack Car, *96*	49	43 ___[1]
20-9502	BN Husky-Stack Car, *96*	49	43 ___[1]
20-9600	NS 8000-gallon Tank Car, *97*	39	33 ___[1]
20-9601	Conrail 8000-gallon Tank Car, *97*	39	44 ___[1]
20-9700	CSX Coalporter Hopper, *97*	42	41 ___[1]
20-9701	BN Coalporter Hopper, *97*	42	49 ___[1]
20-30001	MTH Junk Load, *98–00*	10	10 ___[1]
20-30002	MTH Coal Load, *98–00*	5	5 ___[1]
20-40200	MTH Boxcar w/ Livestock Sounds, purple	—	125 ___[1]
20-60080	MTH Boxcar w/ Livestock, yellow	—	125 ___[1]
20-80001A	UP 4-8-8-4 Big Boy Steam Locomotive w/ Proto-Sound (DAP), *99*	—	1950 ___[2]
20-80001B	CP F3 Passenger Car set (DAP), *99*	—	1000 ___[1]
20-80001B1	CP F3 Diesel set (DAP), *99*	—	550 ___[1]
20-80001B2	CP F3 4-car set (DAP), *99*	—	450 ___[1]
20-80001C	UP Extended Vision Caboose (DAP), *99*	—	240 ___[2]
20-80001D	Erie-Lackawanna FM Trainmaster (DAP), *99*	—	390 ___[3]
20-80001E	1999 Christmas Boxcar (DAP), *99*	—	115 ___[2]
20-80001F	MTH Illustrated Price Guide (DAP), *99*	—	— ___
20-80002A	AT&SF F3 ABA Clear Body Diesel set (DAP), *00*	—	650 ___[2]
20-80002B	CP F3 B-Unit (DAP), *00*	—	165 ___[1]
20-80002C	AT&SF E/V Caboose (DAP), *00*	—	290 ___[1]
20-80002D	Home for the Holidays Christmas Boxcar (DAP), *00*	—	90 ___[1]
20-80002E	PRR GG-1 Electric Locomotive (DAP), *00*	—	660 ___[1]
20-80002F	PRR 4-car 60' Aluminum Passenger set (DAP), *00*		CP ___[1]
20-80002G	CP 2-car 60' Coach Passenger set (DAP), *00*	—	170 ___[1]
20-80002H	PCC Electric Streetcar w/ Proto-Sound (DAP), *00*	—	175 ___[1]
20-80002I	PRR 6-8-6 "Baby" Turbine Steam Locomotive (DAP), *00*	—	CP ___[1]
20-90001	Reading 6-car Freight set, *99*	229	170 ___[1]
20-90002	Nickel Plate 6-car Freight set, *99*	229	210 ___[1]
20-90003	PRR 6-car Freight set, *99*	229	170 ___[2]
20-90004	MTH 4-car Freight set, *99*	229	NRS ___[1]

PREMIER • 20-90005 – 20-90016

Item	Description	MSRP	LN	Cond/$
20-90005	PRR "Wreck Train" 6-car Freight Car set, *99*	229	220 ____ [1]
20-90006	GN 6-car Freight Car set, *99*	229	200 ____ [1]
20-90007	BN Merger Series Freight Car set, *99*	79	80 ____ [1]
20-90008	UP Merger Series Freight Car set, *00*	99	75 ____ [1]
20-90008A	Corn Belt Steel-sided Stock Car, *00*	99	CP ____ [1]
20-90008B	L&M 2-bay Offset Hopper, *00*	99	CP ____ [1]
20-90008C	UP 4-bay Hopper, *00*	99	CP ____ [1]
20-90009	Conrail 6-car Freight set, *99–00*	229	CP ____ [1]
20-90009A	Conrail Ps-2 Hopper, *00*	—	25 ____ [1]
20-90009B	Conrail Flatcar, *00*	—	43 ____ [1]
20-90009C	Conrail Gondola (Std O), *00*	—	25 ____ [1]
20-90009D	Conrail 4-bay Hopper, *00*	—	30 ____ [1]
20-90009E	Conrail 50' Boxcar, *00*	—	25 ____ [1]
20-90009F	Conrail Steel Caboose, *00*	—	30 ____ [1]
20-90010	BNSF 6-car Freight set, *99–00*	229	CP ____ [1]
20-90010A	BNSF 50' DD Plugged Boxcar, *00*	229	CP ____ [1]
20-90010B	BNSF Flatcar, *00*	229	CP ____ [1]
20-90010C	BNSF 4-bay Hopper, *00*	229	CP ____ [1]
20-90010D	BNSF Gondola (Std O), *00*	229	CP ____ [1]
20-90010E	BNSF Ps-2 Hopper, *00*	229	CP ____ [1]
20-90010F	BNSF Extended Vision Caboose, *00*	229	CP ____ [1]
20-90011	3-car Slag set, *99–00*	99	CP ____ [1]
20-90012	Chessie 6-car Freight set, *99–00*	229	CP ____ [1]
20-90012A	Chessie 20K-gallon 4-D Tank Car, *00*	229	CP ____ [1]
20-90012B	Chessie 4-bay Hopper, *00*	229	CP ____ [1]
20-90012C	Chessie Coil Car, *00*	229	CP ____ [1]
20-90012D	Chessie Crane Car (Std O), *00*	229	CP ____ [1]
20-90012E	Chessie Crane Tender (Std O), *00*	229	CP ____ [1]
20-90012F	Chessie Extended Vision Caboose, *00*	229	CP ____ [1]
20-90013	AT&SF 6-car Freight set, *99–00*	229	CP ____
20-90013A	AT&SF 50' Boxcar, *00*	—	31 ____ [1]
20-90013B	AT&SF Tank Car, *00*	—	46 ____ [1]
20-90013C	AT&SF Flatcar, *00*	—	35 ____ [1]
20-90013D	AT&SF Coil Car, *00*	—	39 ____ [1]
20-90013E	AT&SF Ps-2 Hopper, *00*	—	25 ____ [1]
20-90013F	AT&SF Steel Caboose, *00*	—	30 ____ [1]
20-90014	BN 6-car Freight set, *99–00*	229	CP ____ [1]
20-90014A	BN 20K-gallon 4-D Tank Car, *00*	—	49 ____ [1]
20-90014B	BN Center Beam Flatcar, *00*	—	49 ____ [1]
20-90014C	BN Flatcar, *00*	—	45 ____ [1]
20-90014D	BN 2-bay Offset Hopper, *00*	—	40 ____ [1]
20-90014E	BN 50' DD Plugged Boxcar, *00*	—	43 ____ [1]
20-90014F	BN Extended Vision Caboose, *00*	—	45 ____ [1]
20-90015	C&O 6-car Freight, *99–00*	229	CP ____ [1]
20-90015A	C&O Boxcar, *00*	229	CP ____ [1]
20-90015B	C&O Flatcar, *00*	229	CP ____ [1]
20-90015C	C&O 2-bay Offset Hopper, *00*	229	CP ____ [1]
20-90015D	C&O Gondola (Std O), *00*	229	CP ____ [1]
20-90015E	C&O Ps-2 Hopper, *00*	229	CP ____ [1]
20-90015F	C&O Steel Caboose, *00*	229	CP ____ [1]
20-90016	C&NW 6-car Freight set, *99–00*	229	215 ____ [1]

PREMIER • 20-90016A – 20-90023F   MSRP   LN Cond/$

Item	Description	MSRP	LN
20-90016A	C&NW Steel-sided Stock Car, *00*	229	CP [1]
20-90016B	C&NW 3-bay Cylindrical Hopper, *00*	229	CP [1]
20-90016C	C&NW Flatcar, *00*	229	CP [1]
20-90016D	C&NW 4-bay Hopper, *00*	229	CP [1]
20-90016E	C&NW 50' Boxcar, *00*	229	CP [1]
20-90016F	C&NW Bay Window Caboose, *00*	229	CP [1]
20-90017	NYC 6-car Freight set, *99–00*	229	125 [1]
20-90017A	NYC DD 50' Boxcar, *00*	—	35 [1]
20-90017B	NYC Tank Car, *00*	—	75 [1]
20-90017C	NYC Flatcar, *00*	—	46 [1]
20-90017D	NYC 100-ton Hopper, *00*	—	35 [1]
20-90017E	NYC Refrigerator Car, *00*	—	36 [1]
20-90017F	NYC Steel Caboose, *00*	—	65 [1]
20-90018	PRR 6-car Freight set, *99–00*	229	205 [1]
20-90018A	PRR 50' DD Plugged Boxcar, *00*	—	CP [1]
20-90018B	PRR Ps-2 Hopper, *00*	—	35 [1]
20-90018C	PRR Coil Car, *00*	—	37 [1]
20-90018D	PRR Refrigerator Car, *00*	—	38 [1]
20-90018E	PRR 3-bay Cylindrical Hopper, *00*	—	39 [1]
20-90018F	PRR N5c Caboose, *00*	—	50 [1]
20-90019	CSX 6-car Freight set, *99–00*	229	CP [1]
20-90019A	CSX DD 50' Boxcar, *00*	229	CP [1]
20-90019B	CSX 4-bay Hopper, *00*	229	CP [1]
20-90019C	CSX Coil Car, *00*	229	CP [1]
20-90019D	CSX Flatcar, *00*	229	CP [1]
20-90019E	CSX Gondola (Std O), *00*	229	CP [1]
20-90019F	CSX E/V Caboose, *00*	229	CP [1]
20-90020	New Haven 6-car Freight set, *99–00*	229	190 [1]
20-90020A	New Haven 2-bay Offset Hopper, *00*	229	CP [1]
20-90020B	New Haven Boxcar, *00*	229	CP [1]
20-90020C	New Haven Crane Car (Std O), *00*	229	CP [1]
20-90020D	New Haven Gondola (Std O), *00*	229	CP [1]
20-90020E	New Haven Ps-2 Hopper, *00*	229	CP [1]
20-90020F	New Haven Steel Caboose, *00*	229	CP [1]
20-90021	BNSF Merger Series Freight set, *99–00*	99	CP [1]
20-90021A	GN 4-bay Hopper, *00*	99	CP [1]
20-90021B	Frisco 2-bay Offset Hopper, *00*	99	CP [1]
20-90021C	C&S Steel-sided Stock Car, *00*	99	CP [1]
20-90022	UP 6-car Freight set, *00*	229	205 [1]
20-90022A	UP DD 50' Boxcar, *00*	229	CP [1]
20-90022B	UP 20K-gallon 4-D Tank Car, *00*	229	CP [1]
20-90022C	UP Corrugated Auto Carrier, *00*	229	CP [1]
20-90022D	UP Coalporter Hopper, *00*	229	CP [1]
20-90022E	UP Rapid Discharge Hopper, *00*	229	CP [1]
20-90022F	UP Steel Caboose, *00*	229	CP [1]
20-90023	UP 6-car Freight set, *00*	229	205 [1]
20-90023A	UP 100-ton Hopper, *00*	229	CP [1]
20-90023B	UP 50' Waffle Boxcar, *00*	229	CP [1]
20-90023C	UP Tank Car, *00*	229	CP [1]
20-90023D	UP Ps-2 Hopper, *00*	229	CP [1]
20-90023E	UP Flatcar, *00*	229	CP [1]
20-90023F	UP 4-bay Hopper, *00*	229	CP [1]

PREMIER • 20-90024 – 20-92012 MSRP LN Cond/$

20-90024	Norfolk Southern Merger Series Freight Car set, *00*	99	CP ____ [1]
20-90025	BNSF Merger Series Freight Car set, *00*	99	90 ____ [1]
20-90025A	TP&W Boxcar, *00*	99	CP ____ [1]
20-90025B	AT&SF Tank Car, *00*	99	CP ____ [1]
20-90025D	BN 3-bay Cylindrical Hopper, *00*	99	CP ____ [1]
20-90026	B&O 6-car Freight set, *00*	229	205 ____ [1]
20-90026A	B&O Boxcar, *00*	229	CP ____ [1]
20-90026B	B&O Flatcar, *00*	229	CP ____ [1]
20-90026C	B&O Gondola (Std O), *00*	229	CP ____ [1]
20-90026D	B&O 4-bay Hopper, *00*	229	CP ____ [1]
20-90026E	B&O Tank Car, *00*	229	CP ____ [1]
20-90026F	B&O Bay Window Caboose, *00*	229	CP ____ [1]
20-90027	New Haven 6-car Freight set, *00*	229	205 ____ [1]
20-90027A	New Haven 50' DD Plugged Boxcar, *00*	229	CP ____ [1]
20-90027B	New Haven Flatcar, *00*	229	CP ____ [1]
20-90027C	New Haven 3-bay Cylindrical Hopper, *00*	229	CP ____ [1]
20-90027D	New Haven Tank Car, *00*	229	CP ____ [1]
20-90027E	New Haven Steel-sided Stock Car, *00*	229	CP ____ [1]
20-90027F	New Haven Steel Caboose, *00*	229	CP ____ [1]
20-90028	GN 6-car Freight set, *00*	229	205 ____ [1]
20-90028A	GN Boxcar, *00*	229	CP ____ [1]
20-90028B	GN 100-ton Hopper, *00*	229	CP ____ [1]
20-90028C	GN Refrigerator Car, *00*	229	CP ____ [1]
20-90028D	GN Gondola (Std O), *00*	229	CP ____ [1]
20-90028E	GN Coil Car, *00*	229	CP ____ [1]
20-90028F	GN Extended Vision Caboose, *00*	229	CP ____ [1]
20-90029	CN 6-car Freight set, *00*	229	205 ____ [1]
20-90029A	CN Boxcar, *00*	229	CP ____ [1]
20-90029B	CN Refrigerator Car, *00*	229	CP ____ [1]
20-90029C	CN Flatcar, *00*	229	CP ____ [1]
20-90029D	CN 3-bay Cylindrical Hopper, *00*	229	CP ____ [1]
20-90029E	CN Tank Car, *00*	229	CP ____ [1]
20-90029F	CN Extended Vision Caboose, *00*	229	CP ____ [1]
20-90030	LV 6-car Freight set, *00*	229	205 ____ [1]
20-90030A	LV 4-bay Hopper, *00*	229	CP ____ [1]
20-90030B	LV Gondola (Std O), *00*	229	CP ____ [1]
20-90030C	LV 50' Boxcar, *00*	229	CP ____ [1]
20-90030D	LV 3-bay Cylindrical Hopper, *00*	229	CP ____ [1]
20-90030E	LV Flatcar, *00*	229	CP ____ [1]
20-90030F	LV Steel Caboose, *00*	229	CP ____ [1]
20-90031	FEC 6-car Freight set, *00*	229	CP ____ [1]
20-90033	UP Merger Series Freight Car set, *00*	99	CP ____ [1]
20-90037	UP Merger Series Freight Car set, *01*	99	CP ____ [1]
20-90040	SP 6-car Flatcar set, *01*	249	CP ____ [1]
20-91006	EMD Extended Vision Caboose, *97*	44	47 ____ [1]
20-91007	CN Extended Vision Caboose, *97*	44	38 ____ [1]
20-91008	SP Extended Vision Caboose, *98*	44	46 ____ [1]
20-91009	Southern Extended Vision Caboose, *98*	44	47 ____ [1]
20-91010	AT&SF Extended Vision Caboose, *98*	44	47 ____ [1]
20-91011	C&NW Extended Vision Caboose, *98*	44	45 ____ [1]
20-91012	Conrail Extended Vision Caboose, *98*	44	47 ____ [1]

PREMIER • 20-91013 – 20-91066   MSRP   LN   Cond/$

Item #	Description	MSRP	LN	Cond/$
20-91013	UP Extended Vision Caboose, *98*	44	55	2
20-91014	PRR N-8 Caboose, *99*	44	60	2
20-91015	DM&IR Steel Caboose, *99*	44	47	1
20-91016	GN Steel Caboose, *99*	44	41	1
20-91017	N&W Steel Caboose, *99*	44	41	1
20-91018	AT&SF Steel Caboose, *99*	44	42	1
20-91020	LV Extended Vision Caboose, *99*	44	43	1
20-91021	NH Extended Vision Caboose, *99*	44	43	1
20-91022	UP Steel Side Caboose, *99–00*	44	41	1
20-91023	BN Extended Vision Caboose, *99–00*	44	44	1
20-91024	D&RGW Extended Vision Caboose, *99–00*	44	44	1
20-91025	Southern Steel Side Caboose, *99–00*	44	40	1
20-91026	BN Steel Side Caboose, *99–00*	44	30	1
20-91027	N&W Steel Side Caboose, *99–00*	44	43	1
20-91028	Hill Crest Lumber Co. Steel Caboose, *00*	44	CP	1
20-91029	D&H Extended Vision Caboose, *00*	44	CP	1
20-91030	NYC Extended Vision Caboose, *00*	44	CP	1
20-91031	AT&SF Steel Caboose, *00*	44	CP	1
20-91032	D&H Steel Caboose, *00*	44	CP	1
20-91033	Norfolk Southern Steel Caboose, *00*	44	CP	1
20-91035	USPS Extended Vision Caboose, *01*	49	CP	1
20-91036	New Haven Extended Vision Caboose, *01*	44	CP	1
20-91037	NYC B/W Caboose, *01*	44	CP	1
20-91038	Chessie B/W Caboose, *01*	44	CP	1
20-91039	Conrail B/W Caboose, *01*	44	CP	1
20-91040	Jersey Central Steel Caboose, *01*	44	CP	1
20-91041	Long Island B/W Caboose, *01*	44	CP	1
20-91042	D&H B/W Caboose, *01*	44	CP	1
20-91043	M&STL Steel Caboose, *01*	44	CP	1
20-91044	Wabash Steel Caboose, *01*	44	CP	1
20-91045	Southern B/W Caboose, *01*	44	CP	1
20-91046	NKP Steel Caboose, *01*	44	CP	1
20-91047	UP Extended Vision Caboose, *01*	44	CP	1
20-91048	D&RG Steel Caboose, *01*	44	CP	1
20-91049	PRR N-8 Caboose, *01*	44	CP	1
20-91050	Ontario Northland E/V Caboose, *01*	44	CP	1
20-91051	AT&SF Extended Vision Caboose, *01*	44	CP	1
20-91052	GN Extended Vision Caboose, *01*	44	CP	1
20-91053	SP Steel Caboose, *01*	54	CP	1
20-91054	CN Steel Caboose, *01*	54	CP	1
20-91055	WP Steel Caboose, *01*	54	CP	1
20-91056	CNW Steel Caboose, *01*	54	CP	1
20-91057	C&O C/C Steel Caboose, *01*	54	CP	1
20-91058	WM C/C Steel Caboose, *01*	54	CP	1
20-91059	Seaboard C/C Steel Caboose, *01*	54	CP	1
20-91060	CP Rail Extended Vision Caboose, *01*	54	CP	1
20-91061	CSX Extended Vision Caboose, *01*	54	CP	1
20-91062	NS Extended Vision Caboose, *01*	54	CP	1
20-91063	BN E/V Caboose, *01*	54	CP	1
20-91064	B&M C/C Steel Caboose, *01*	54	CP	1
20-91065	Maine Central C/C Steel Caboose, *01*	54	CP	1
20-91066	US War Bonds C/C Steel Caboose, *01*	54	CP	1

PREMIER • 20-91067 – 20-93051　　　　MSRP　LN　Cond/$

No.	Description	MSRP	LN	Cond/$
20-91067	Rock Island C/C Steel Caboose, 01	54	CP	___ [1]
20-92006	SP Tank Car, 97	42	50	___ [1]
20-92007	Chessie Tank Car, 97	42	45	___ [1]
20-92008	GATX Tank Car, 98	42	42	___ [1]
20-92009	Southern Tank Car, 98	42	43	___ [1]
20-92010	BNSF Tank Car, 98	42	49	___ [1]
20-92011	Airco Tank Car, 98	42	40	___ [1]
20-92012	Domino Sugar Tank Car, 99–00	42	38	___ [1]
20-92013	Engelhard Chemical Tank Car, 99–00	42	CP	___ [1]
20-92014	BNSF Tank Car, 00	42	55	___ [1]
20-93006	CN Boxcar, 97	39	36	___ [1]
20-93007	IC Boxcar, 97	39	33	___ [1]
20-93008	MP Boxcar, 98	39	41	___ [1]
20-93009	WM Boxcar, 98	39	32	___ [1]
20-93010	MKT Boxcar, 98	39	34	___ [1]
20-93011	CCA Boxcar, 98–99	39	43	___ [1]
20-93012	UP Double Door 50' Boxcar, 98	42	38	___ [1]
20-93013	L&N Double Door 50' Boxcar, 98	42	34	___ [1]
20-93014	GN Boxcar, white lettering, 99	39	41	___ [1]
20-93015	New Haven Boxcar, 99	39	31	___ [1]
20-93016	PRR Double Door 50' Boxcar, 99	42	37	___ [1]
20-93017	D&H Double Door 50' Boxcar, 99	42	37	___ [1]
20-93018	BAR Boxcar, 99	39	37	___ [1]
20-93019	Susquehanna Boxcar, 99	39	39	___ [1]
20-93021	UP 50' Boxcar, 99	42	42	___ [1]
20-93022	Nickel Plate 50' Boxcar, 99	42	25	___ [1]
20-93024	MTH Premier Membership Boxcar (NYC Markings), 99	42	50	___ [2]
20-93025	Ralston Purina 50' Double Door Plugged Boxcar, 99	42	38	___ [1]
20-93026	B&M 50' Double Door Plugged Boxcar, 99	42	38	___ [1]
20-93027	Amtrak Mail Boxcar, 99	42	40	___
20-93028	B&M 50' Waffle Boxcar, 99–00	42	CP	___ [1]
20-93029	Seaboard 50' Waffle Boxcar, 99–00	42	CP	___ [1]
20-93031	Chessie DD 50' Boxcar, 99–00	42	36	___ [1]
20-93032	WP 50' DD Plugged Boxcar, 99–00	42	33	___ [1]
20-93033	N&W 50' DD Plugged Boxcar, 99–00	42	36	___ [1]
20-93034	UP 50' DD Plugged Boxcar, 99–00	42	34	___ [1]
20-93035	FEC 50' Boxcar, 99–00	42	36	___ [1]
20-93036	B&M 50' Boxcar, 99–00	42	32	___ [1]
20-93037	NYC Millennium Boxcar, 99–00	89	95	___ [1]
20-93039	US Mail Boxcar, 00	42	46	___ [1]
20-93040	US Mail Boxcar, 00	42	34	___ [1]
20-93041	US Mail Boxcar, 00	42	34	___ [1]
20-93042	AT&SF 50' Single Door Boxcar, 00	42	CP	___ [1]
20-93045	D&H 40' Single Door Boxcar, 00	39	CP	___ [1]
20-93046	LUNX 50' All-Door Boxcar, 00	42	CP	___ [1]
20-93047	TCAX 50' All-Door Boxcar, 00	42	CP	___ [1]
20-93048	New Haven Boxcar, 01	39	CP	___ [1]
20-93049	D&RG 50' Waffle Boxcar, 01	42	CP	___ [1]
20-93050	CSX 50' Waffle Boxcar, 01	42	CP	___ [1]
20-93051	AT&SF DD 50' Boxcar, 01	42	CP	___ [1]

PREMIER • 20-93052 – 20-95035   MSRP   LN   Cond/$

Item	Description	MSRP	LN	Cond/$
20-93052	Conrail DD 50' Boxcar, *01*	42	CP	1
20-93053	UP Mail Boxcar, *01*	42	CP	1
20-93055	BNSF Mail Boxcar, *01*	42	CP	1
20-93056	USPS Boxcar, *01*	42	CP	1
20-93057	USPS Boxcar, *01*	42	CP	1
20-93058	BN 50' Boxcar, *01*	42	CP	1
20-93059	KCS Boxcar, *01*	39	CP	1
20-93060	Conrail Boxcar, *01*	39	CP	1
20-93061	Ontario Northland Boxcar, *01*	39	CP	1
20-93062	L&N 50' Boxcar, *01*	42	CP	1
20-93063	C&O 50' Boxcar, *01*	42	CP	1
20-93064	Tropicana 50' Dbl. Door Plugged Boxcar, *01*	42	CP	1
20-93065	Evans Leasing 50' Dbl. Door Plugged Boxcar, *01*	42	CP	1
20-93066	Netherlands 50' All-Door Boxcar, *01*	42	CP	1
20-93067	Canadian Forest 50' All-Door Boxcar, *01*	42	CP	1
20-93068	Masonite Corporation 55' All-Door Boxcar, *01*	42	CP	1
20-94006	Green Bay Route Reefer, *97*	39	35	1
20-94007	SP Reefer, *97*	39	34	1
20-94008	AT&SF Reefer, *98*	39	38	1
20-94009	PRR Reefer, *98*	39	35	1
20-94010	Amtrak Reefer, *98*	39	37	1
20-94011	C&O Reefer, *98*	39	37	1
20-94012	New Haven Reefer, *99*	39	30	1
20-94013	FEC Reefer, *99*	39	35	1
20-94014	C&O Reefer Car, *99–00*	39	35	1
20-94015	Nestle Reefer Car, *99–00*	39	CP	1
20-94016	Tropicana Refrigerator Car, *00*	39	CP	1
20-94017	Red Rose Ice Cream Reefer, *00*	39	CP	1
20-94018	AT&SF Refrigerator Car, *00*	39	CP	1
20-94019	Tropicana Reefer, *01*	39	CP	1
20-94020	WP Reefer, *01*	39	CP	1
20-94021	Mathieson Dry Ice Co. Operating Reefer, *01*	129	CP	1
20-94022	AT&SF Operating Reefer, *01*	129	CP	1
20-94501	Southern Steel-sided Stock Car, *99*	39	30	1
20-94502	UP Steel-sided Stock Car, *99*	39	39	1
20-94503	PRR Steel-sided Stock Car, *99*	39	38	1
20-94504	D&RG Steel-sided Stock Car, *01*	39	CP	1
20-94505	NS Steel-sided Stock Car, *01*	39	CP	1
20-95003	SP Husky-Stack Car, *97*	49	44	1
20-95004	Hanjin Husky-Stack Car, *97–99*	49	40	1
20-95005	BNSF Husky-Stack Car and Containers, *98*	49	55	1
20-95006	Maersk Husky-Stack Car, *98–99*	49	46	1
20-95007	UP Husky-Stack Car, *98*	49	44	1
20-95008	BNSF Husky-Stack Car, *98*	—	55	1
20-95009	BNSF Husky-Stack Car, *98*	—	50	1
20-95010	BNSF Husky-Stack Car, *98*	—	55	1
20-95011	BNSF Husky-Stack Car w/ ETD, *98*	—	70	1
20-95035	TTUX 5-car Spline Car set, *97–99*	199	160	1

PREMIER • 20-95036 – 20-97069   **MSRP**   **LN Cond/$**

20-95036	Conrail 5-car Spline Car set, *98*	199	165 ___[1]
20-95037	20' Container set, *00*	24	CP ___[1]
20-95038	40' Container set, *99–00*	29	CP ___[1]
20-95039	48' Container set, *99–00*	34	CP ___[1]
20-95040	Tank Container set, *99–00*	24	CP ___[1]
20-95041	20' Container set, *00*	24	CP ___[1]
20-95042	40' Container set, *00*	29	CP ___[1]
20-95043	48' Container set, *00*	34	CP ___[1]
20-95044	Tank Container set, *00*	24	150 ___[1]
20-96002	Vulcan 8000-gallon Tank Car, *97*	39	42 ___[1]
20-96003	CSX 8000-gallon Tank Car, *97*	39	38 ___[1]
20-96004	National Starch 8000-gallon Tank Car, *98*	39	38 ___[1]
20-96005	Ethyl Corp 8000-gallon Tank Car, *98*	39	34 ___[1]
20-96006	Suburban Propane 33K-gallon Tank Car, *98*	44	36 ___[1]
20-96007	Pyrofax Gas 33K-gallon Tank Car, *98*	44	35 ___[1]
20-96008	Hooker Chemical Tank Car, *98*	42	37 ___[1]
20-96009	SCL Tank Car, *98*	42	41 ___[1]
20-96010	BN 20K-gallon 4-compartment Tank Car, *99*	44	40 ___[1]
20-96011	ETCX 20K-gallon 4-compartment Tank Car, *99*	44	40 ___[1]
20-96012	Royster 33K-gallon Tank Car, *99*	44	33 ___[1]
20-96013	Union Texas 33K-gallon Tank Car, *99*	44	32 ___[1]
20-96014	Kodak 8000-gallon Tank Car, *99*	39	NM ___[1]
20-96015	Geigy 8000-gallon Tank Car, *99*	39	34 ___[1]
20-96016	AT&SF Tank Car, *99*	42	40 ___[1]
20-96017	GN Tank Car, *99*	42	44 ___[1]
20-96018	Big Mo 8000-gallon Tank Car, *99*	50	50 ___[1]
20-96020	NASA Tank Car, *00*	42	36 ___[1]
20-96021	McDonald's Tank Car, *00*	42	38 ___[1]
20-96022	AT&SF 8000-gallon Tank Car, *00*	39	29 ___[1]
20-96023	CSX 20K-gallon, 4-compartment Tank Car, *01*	42	CP ___[1]
20-96024	AT&SF 20K-gallon, 4-compartment Tank Car, *01*	42	CP ___[1]
20-96025	Southern Tank Car, *01*	42	CP ___[1]
20-96026	Jersey Central Tank Car, *01*	42	CP ___[1]
20-96027	GN Tank Car, *01*	42	CP ___[1]
20-96028	P&WV Tank Car, *01*	42	CP ___[1]
20-97002	BNSF Coalporter Hopper, *97*	42	41 ___[1]
20-97003	Detroit Edison Coalporter Hopper, *97*	42	38 ___[1]
20-97034	Undecorated 4-car Coke Hopper set, *00*	159	CP ___[1]
20-97057	N&W 4-bay Hopper 6-car set, *99*	229	225 ___[1]
20-97058	AT&SF 4-bay Hopper 6-car set, *99*	229	190 ___[1]
20-97059	UP 4-bay Hopper 6-car Freight set, *99*	229	250 ___[1]
20-97060	UP 4-bay Hopper 6-car Freight set, *99*	229	210 ___[1]
20-97061	N&W 4-bay Hopper 6-car set #1, *99–00*	229	225 ___[1]
20-97062	N&W 4-bay Hopper 6-car set #2, *99–00*	229	225 ___[1]
20-97063	Virginian 4-bay Hopper 6-car set, *00*	229	205 ___[1]
20-97066	PRR 4-bay Hopper 6-car set, *01*	229	CP ___[1]
20-97067	PRR 4-bay Hopper 6-car set, *01*	229	CP ___[1]
20-97068	NS 4-car Coke Hopper Car set, *01*	159	CP ___[1]
20-97069	NS 4-car Coke Hopper Car set, *01*	159	CP ___[1]

PREMIER • 20-97070 – 20-97435   MSRP   LN Cond/$

20-97070	CSX 6-car Coalporter Hopper Car set, *01*	249	CP ____[1]
20-97071	CSX 6-car Coalporter Hopper Car set, *01*	249	CP ____[1]
20-97101	UP Ps-2 Hopper, *97*	39	27 ____[1]
20-97102	Chessie Ps-2 Hopper, *97*	39	31 ____[1]
20-97103	Rock Island Ps-2 Hopper, *97–99*	39	32 ____[1]
20-97104	IC Ps-2 Hopper, *97*	39	28 ____[1]
20-97105	BN Ps-2 Hopper, *97*	39	34 ____[1]
20-97106	PRR Ps-2 Hopper, *97*	39	33 ____[1]
20-97107	ACL Ps-2 Hopper, *98*	39	34 ____[1]
20-97108	NYC Ps-2 Hopper, *98*	39	38 ____[1]
20-97109	Milwaukee Road Ps-2 Hopper, *99*	39	46 ____[1]
20-97110	Nickel Plate Ps-2 Hopper, *99*	39	37 ____[1]
20-97111	GN Ps-2 Hopper, *99*	39	37 ____[1]
20-97112	MILW Ps-2 High-Sided Hopper Car, *01*	44	CP ____[1]
20-97113	UP Ps-2 High-Sided Hopper Car, *01*	44	CP ____[1]
20-97114	SP Ps-2 Hopper Car, *01*	39	CP ____[1]
20-97115	Ralston Purina Ps-2 Hopper Car, *01*	39	CP ____[1]
20-97400	CN 100-ton Hopper, *97*	44	37 ____[1]
20-97401	North American 100-ton Hopper, *97*	44	37 ____[1]
20-97402	WM 4-bay Hopper, *98*	39	34 ____[1]
20-97403	UP 4-bay Hopper, *98*	39	36 ____[1]
20-97404	UP 4-bay Hopper 6-car set, *98*	229	245 ____[1]
20-97405	Chessie 3-bay Cylindrical Hopper, *98*	42	40 ____[1]
20-97406	AT&SF 3-bay Cylindrical Hopper, *98–99*	42	39 ____[1]
20-97407	CSX 4-bay Hopper, *98*	39	36 ____[1]
20-97408	N&W 4-bay Hopper, *98*	39	39 ____[1]
20-97409	LV 100-ton Hopper, *99*	44	39 ____[1]
20-97410	BN 100-ton Hopper, *99*	44	39 ____[1]
20-97415	Frisco 2-bay Offset Hopper, *99*	39	33 ____[1]
20-97416	C&O 2-bay Offset Hopper, *99*	39	37 ____[1]
20-97417	UP 3-bay Cylindrical Hopper, *99*	42	37 ____[1]
20-97418	Canada CNWX 3-bay Cylindrical Hopper, *99*	42	33 ____[1]
20-97419	CSX Coalporter Hopper, *00*	42	40 ____[1]
20-97420	Chessie 100-ton Hopper, *00*	44	38 ____[1]
20-97421	AT&SF 100-ton Hopper, *00*	44	40 ____[1]
20-97422	CSX 2-bay Centerflow Hopper, *00*	42	CP ____[1]
20-97423	ACF Demo 2-bay Centerflow Hopper, *00*	42	CP ____[1]
20-97424	Hercules 3-bay Centerflow Hopper, *00*	42	CP ____[1]
20-97425	AT&SF 3-bay Centerflow Hopper, *00*	42	CP ____[1]
20-97426	WB 50' Airslide Hopper, *00*	44	CP ____[1]
20-97427	BN 50' Airslide Hopper, *00*	44	CP ____[1]
20-97428	Norfolk Southern 4-bay Hopper, *00*	39	CP ____[1]
20-97429	NYC 2-bay Offset Hopper Car, *01*	39	CP ____[1]
20-97430	N&W 2-bay Offset Hopper Car, *01*	39	CP ____[1]
20-97431	Conrail 100-ton Hopper Car, *01*	44	CP ____[1]
20-97432	BN 100-ton Hopper Car, *01*	44	CP ____[1]
20-97433	Ontario Northland 3-bay Centerflow Hopper, *01*	42	CP ____[1]
20-97434	D&H 3-bay Centerflow Hopper, *01*	42	CP ____[1]
20-97435	Southern 100-ton Hopper Car, *01*	44	CP ____[1]

PREMIER • 20-97442 – 20-98132   **MSRP** **LN** **Cond/$**

Item	Description	MSRP	LN	Cond/$
20-97442	Glasshopper II 3-bay Cylindrical Hopper Car, MTHRRC, 01	42	CP ____	[1]
20-97501	Southern Wood Chip Hopper, 98	39	33 ____	[1]
20-97502	NP Wood Chip Hopper, 98	39	33 ____	[1]
20-97503	AT&SF Wood Chip Hopper, 99	39	34 ____	[1]
20-97504	SP Wood Chip Hopper, 99	39	33 ____	[1]
20-97505	DM&IR 6-car Ore Car set, 99	179	240 ____	[1]
20-97506	DM&IR 6-car Ore Car set, 99	179	160 ____	[1]
20-97507	DM&IR 6-car Ore Car set #3, 99–00	179	335 ____	[1]
20-97508	DM&IR 6-car Ore Car set # 1, 00	179	CP ____	[1]
20-97509	DM&IR 6-car Ore Car set # 2, 00	179	CP ____	[1]
20-98001	PRR Gondola, Scale Length, 97	36	35 ____	[1]
20-98002	UP Gondola, Scale Length, 97	36	31 ____	[1]
20-98003	SP Gondola, Scale Length, 98	36	35 ____	[1]
20-98004	Southern Gondola, Scale Length, 98	36	35 ____	[1]
20-98005	C&NW Gondola, Scale Length, 98	36	34 ____	[1]
20-98006	SCL Gondola, Scale Length, 98	36	34 ____	[1]
20-98007	D&H Gondola, Scale Length, 99	36	34 ____	[1]
20-98008	LV Gondola, Scale Length, 99	36	34 ____	[1]
20-98010	NYC Gondola Car, Scale Length, 01	36	CP ____	[1]
20-98011	D&H Gondola Car, Scale Length, 01	36	CP ____	[1]
20-98012	BN Gondola Car, Scale Length, 01	36	CP ____	[1]
20-98101	WVP&P Flatcar, 97	42	35 ____	[1]
20-98102	WM Flatcar, 97	42	47 ____	[1]
20-98103	WVP&P 3-car Flatcar set, 97	119	135 ____	[3]
20-98104	PRR Flatcar, 98	44	45 ____	[1]
20-98105	NP Flatcar, 98	44	35 ____	[1]
20-98106	UP 75' Depressed Center Flatcar, 98	49	50 ____	[1]
20-98107	UP Flatcar, 99	44	42 ____	[1]
20-98108	D&H Flatcar, 99	44	34 ____	[1]
20-98109	Nickel Plate 75' Depressed Center Flatcar w/ Transformer, 99	49	38 ____	[1]
20-98110	B&O Flatcar w/ 20' Trailers, 99	44	25 ____	[1]
20-98111	AT&SF Flatcar w/ 20' Trailers, 99	44	36 ____	[1]
20-98112	FEC Flatcar w/ Bulkheads, 99–00	42	CP ____	[1]
20-98113	GN Flatcar w/ Bulkheads, 99–00	42	CP ____	[1]
20-98114	MTH Transport Flatcar, 99–00	49	60 ____	[1]
20-98115	B&O Flatcar, 00	49	45 ____	[1]
20-98116	Norfolk Southern Flatcar, 00	49	45 ____	[1]
20-98117	AT&SF Flatcar, 00	49	45 ____	[1]
20-98118	C&NW Flatcar, 00	49	45 ____	[1]
20-98119	HillCrest Lumber Co. 6-car Flatcar set, 00	229	185 ____	[1]
20-98120	HillCrest Lumber Co. 6-car Flatcar set, 00	229	205 ____	[1]
20-98121	AT&SF Flatcar, 00	44	CP ____	[1]
20-98122	PRR 75' Depressed Flatcar, 00	49	CP ____	[1]
20-98123	Norfolk Southern Flatcar, 00	49	CP ____	[1]
20-98126	BN Flatcar w/ 40' Trailer, 01	49	CP ____	[1]
20-98128	D&RG Flatcar w/ 40' Trailer, 01	49	CP ____	[1]
20-98129	MILW Flatcar w/ 40' Trailer, 01	49	CP ____	[1]
20-98130	M&STL Flatcar w/ 40' Trailer, 01	49	CP ____	[1]
20-98131	PRR Flatcar w/ Bulkheads, 01	42	CP ____	[1]
20-98132	Southern Flatcar w/ Bulkheads, 01	42	CP ____	[1]

PREMIER • 20-98133 – 20-98241　　　　　MSRP　LN　Cond/$

Item	Description	MSRP	LN	Cond/$
20-98133	UP Flatcar w/ Bulkheads, *01*	42	CP	1
20-98134	McDonald's Flatcar w/ 48' Trailer, *01*	49	CP	1
20-98135	Caterpillar Flatcar, *01*	49	CP	1
20-98136	WM Flatcar, *01*	49	CP	1
20-98137	State of Maine Flatcar, *01*	49	CP	1
20-98138	Illinois Central Flatcar, *01*	49	CP	1
20-98139	GN Flatcar, *01*	49	CP	1
20-98140	Trailer Train Flatcar w/ Bulkheads, *01*	42	CP	1
20-98141	CN Flatcar w/ Bulkheads, *01*	42	CP	1
20-98142	CP Rail Flatcar, *01*	49	CP	1
20-98143	Seaboard Flatcar w/ Bulkheads, *01*	42	CP	1
20-98201	Hot Metal Car, *97*	49	45	2
20-98202	Hot Metal Car, *97*	49	50	2
20-98203	NS Rail Coil Car, *98*	39	38	1
20-98204	UP Coil Car, *98*	39	55	1
20-98205	UP Jordan Spreader, *98*	70	70	2
20-98206	PRR Jordan Spreader, *98*	70	70	1
20-98207	UP Snow Plow, *98*	59	47	2
20-98208	PRR Snow Plow, *98*	59	55	1
20-98209	Chessie Hot Metal Car, *98*	49	44	1
20-98210	PRR Hot Metal Car, *98*	49	50	1
20-98211	CSX I-Beam Car, *98*	44	37	1
20-98212	UP I-Beam Car, *98*	44	38	1
20-98213	New Haven Coil Car, *99*	39	34	1
20-98214	SP Coil Car, *99*	39	31	1
20-98215	UP O Scale Die-cast Test Car, *99*	49	30	1
20-98216	PRR O Scale Die-cast Test Car, *99*	49	45	1
20-98217	FEC Rapid Discharge Car, *99*	42	38	1
20-98218	ACL Rapid Discharge Car, *99*	42	38	1
20-98219	NYC Snow Plow, *99*	59	50	1
20-98220	Conrail Snow Plow, *99*	59	42	1
20-98221	LV O Scale Crane Car, *99*	69	80	1
20-98222	GN O Scale Crane Car, *99*	69	60	1
20-98223	LV O Scale Crane Tender, *99*	42	37	1
20-98224	GN O Scale Crane Tender, *99*	42	37	1
20-98225	B&O Jordan Spreader, *99*	69	60	1
20-98226	D&RG Jordan Spreader, *99*	69	60	1
20-98227	C&NW Snow Plow, *99*	59	47	1
20-98228	CN Snow Plow, *99*	59	43	1
20-98229	CP Rail Center Beam Flatcar, *99*	44	30	1
20-98230	Tobacco Valley Lumber Center Beam Flatcar, *99*	44	28	1
20-98231	D&RG Corrugated Auto Carrier, *99*	44	43	1
20-98232	Westinghouse O Gauge Schnabel, *99–00*	99	CP	1
20-98234	CP Rail Center Beam Flatcar, *99–00*	44	25	1
20-98235	Long Island Snow Plow, *99–00*	59	CP	1
20-98236	DM&IR Snow Plow, *99–00*	59	CP	1
20-98237	AT&SF Crane Car, *99–00*	69	75	1
20-98238	C&NW Crane Car, *99–00*	69	50	1
20-98239	AT&SF Crane Tender, *99–00*	42	38	1
20-98240	C&NW Crane Tender, *99–00*	42	38	1
20-98241	Conrail Corrugated Auto Carrier, *99–00*	44	40	1

PREMIER • 20-98242 – 20-98272   MSRP   LN   Cond/$

Item	Description	MSRP	LN	Cond/$
20-98242	D&H Jordan Spreader, *00*	69	60 ____ [1]
20-98243	AT&SF Jordan Spreader, *00*	69	65 ____ [1]
20-98244	LV Snow Plow, *00*	59	55 ____ [1]
20-98245	NP Snow Plow, *00*	59	55 ____ [1]
20-98247	FEC Crane Car (Std O), *00*	69	CP ____ [1]
20-98248	B&M Crane Car (Std O), *00*	69	CP ____ [1]
20-98249	FEC Crane Tender (Std O), *00*	44	CP ____ [1]
20-98250	B&M Crane Tender (Std O), *00*	44	CP ____ [1]
20-98251	D&RGW O Scale Die-cast Test Car, *00*	29	CP ____ [1]
20-98252	Nickel Plate O Scale Die-cast Test Car, *00*	29	CP ____ [1]
20-98253	Nickel Plate Corrugated Auto Carrier, *00*	44	CP ____ [1]
20-98254	AT&SF Corrugated Auto Carrier, *00*	44	CP ____ [1]
20-98255	Norfolk Southern Center I-Beam Flatcar, *00*	44	CP ____ [1]
20-98256	CNW Corrugated Auto Carrier, *01*	44	CP ____ [1]
20-98257	CSX Corrugated Auto Carrier, *01*	44	CP ____ [1]
20-98258	Jersey Central O Scale Crane Car, *01*	69	CP ____ [1]
20-98259	Conrail O Scale Crane Car, *01*	69	CP ____ [1]
20-98260	Jersey Central O Scale Crane Tender, *01*	44	CP ____ [1]
20-98261	Conrail O Scale Crane Tender, *01*	44	CP ____ [1]
20-98262	BN Coil Car, *01*	42	CP ____ [1]
20-98263	C&O Coil Car, *01*	42	CP ____ [1]
20-98264	BN Rapid Discharge Car, *01*	42	CP ____ [1]
20-98265	WP Rapid Discharge Car, *01*	42	CP ____ [1]
20-98266	CN O Scale Die-cast Test Car, *01*	29	CP ____ [1]
20-98267	WM O Scale Die-cast Test Car, *01*	29	CP ____ [1]
20-98268	UP O Scale Die-cast Test Car, *01*	29	CP ____ [1]
20-98269	CP Rail Snow Plow, *01*	59	CP ____ [1]
20-98270	Maine Central Snow Plow, *01*	59	CP ____ [1]
20-98271	CP Rail Dump Car w/ Operating Bay, *01*	59	CP ____ [1]
20-98272	UP Dump Car w/ Operating Bay, *01*	59	CP ____ [1]

MSRP LN Cond/$

Section 3
RAILKING

Item	Description	MSRP	LN	Cond/$
30-Set-017	NYC Hudson Freight set, *96*	400	400	1
30-Set-018	UP Hudson Freight set, *96*	400	400	1
30-Set-019	NYC F3 Freight set, *96*	300	300	1
30-Set-020	UP F3 Freight set, *96*	300	300	1
30-Set-021	AT&SF FM Trainmaster Freight set, *96*	380	380	1
30-Set-022	PRR GG-1 (Tuscan) Freight set, *96*	400	400	1
30-Set-023	PRR GG-1 (Green) Freight set, *96*	400	400	1
30-Set-024	Nickel Plate Berkshire Freight set, *96*	400	400	1
30-Set-025	Erie Berkshire Freight set, *96*	400	400	1
30-Set-026	N&W 0-8-0 Coal Train set, *96*	400	400	1
30-Set-027	C&NW 0-8-0 Steam Locomotive Freight set, *96*	400	400	1
30-Set-028	Conrail SD60 Freight set, *96*	270	270	1
30-Set-029	C&NW SD60 Diesel Locomotive Freight set, *96*	270	270	1
30-1015	NS Norfolk Southern Unit Train R-T-R set, *97*	299	295	1
30-1016-0	Chessie Construction set (w/ Horn), *97*	200	180	1
30-1016-1	Chessie Construction set w/ Proto-Sound, *97*	280	280	1
30-1019	#54 Street Lamp set, *96*	25	25	1
30-1020	#54 Street Lamp set, *96*	25	25	1
30-1025	NYC Hudson Freight set, *97*	399	275	1
30-1026	#56 Gas Lamp set, *96*	25	25	1
30-1027	#56 Gas Lamp set, *96*	24	21	1
30-1028	#57 Corner Lamp set, *96*	24	21	1
30-1029	#57 Corner Lamp set, *96*	24	18	1
30-1030	#59 Gooseneck Lamp set, *96*	25	23	1
30-1031	Operating Street Clock, *98*	25	25	1
30-1032	#64 Highway Lamp set, *96*	19	14	1
30-1033	#64 Highway Lamp set, *96*	19	18	1
30-1034	#153 Operating Block Signal, *96*	30	29	1
30-1035	D&RGW 4-6-2 Ski Train set, *97*	399	310	2
30-1035A	#151 Operating Semaphore, *96*	29	25	1
30-1036	#69 Operating Warning Bell, *96*	29	22	1
30-1056	Hi-tension Tower set, *97–00*	59	43	1
30-1057	#58 Lamp set, Single Arc, *97*	24	19	1
30-1058	#35 Street Lamp set, *97–99*	24	19	1
30-1059	#35 Street Lamp set, *97–99*	24	19	1
30-1060	#70 Yard Lamp set, *97–99*	19	17	1
30-1061	Operating Street Clock, *97*	24	25	1
30-1062	"O" Lamp set, Hexagonal, *97–00*	19	17	1
30-1065	#64 Highway Lamp set, *97–00*	19	15	1
30-1066	#54 Double Arc Lamp set, *97–00*	27	25	1
30-1067	#59 Gooseneck Lamp set, *97–00*	24	20	1
30-1068	#57 Corner Lamp set, *97–00*	24	17	1
30-1069	#56 Gas Lamp set, *97–00*	24	20	1
30-1070	#580-1 Teardrop Lamp set, *97–00*	19	14	1

RAILKING • 30-1071 – 30-1112-1

		MSRP	LN	Cond/$
30-1071	#580-2 Teardrop Lamp set, *97*	19	13	____[1]
30-1072	Operating Street Clock, *97*	24	25	____[1]
30-1073	#262 Crossing Gate/Signal, *97–00*	39	40	____[1]
30-1074	#154 Highway Flashing Signal, *97–00*	29	22	____[1]
30-1075	#151 Operating Semaphore, *97–00*	29	22	____[1]
30-1076	#153 Operating Block Signal, *97–00*	29	22	____[1]
30-1077	#69 Operating Warning Bell, *97*	29	23	____[1]
30-1078	"O" Lamp set, Round, *97–00*	19	16	____[1]
30-1078A	#580-1 Teardrop Lamp set, *97–00*	19	15	____[1]
30-1079	"O" Lamp set, Square, *97–00*	19	15	____[1]
30-1079A	#580-1 Teardrop Lamp set, *97–99*	19	17	____[1]
30-1080	#47 Crossing Gate and Signal, *97*	79	80	____[1]
30-1080A	#580-2 Teardrop Lamp set, *97–99*	19	17	____[1]
30-1081A	#580-2 Teardrop Lamp set, *97–00*	19	15	____[1]
30-1082A	#580-2 Teardrop Lamp set, *97–00*	19	15	____[1]
30-1086	Sinclair Die-cast Fuel Truck, *98*	13	NM	____[1]
30-1087	16-piece Road Sign set, *98–00*	12	10	____[1]
30-1088	6-piece Telephone Pole set, *98–00*	14	12	____[1]
30-1089-1	Traffic Light set, Single Lamp, *98–00*	19	16	____[1]
30-1089-2	Traffic Light set, Double Lamp, *98–00*	24	20	____[1]
30-1090	#58 Lamp set, Single Arc, *98–99*	24	20	____[1]
30-1093	Operating Banjo Signal, *98–00*	29	35	____[1]
30-1094	Operating Street Clock, *98*	29	24	____[1]
30-1095	#64 Highway Lamp set, *98–00*	19	16	____[1]
30-1096	#54 Street Lamp set, *98*	28	21	____[1]
30-1097	#57 Corner Lamp set, *98–99*	24	19	____[1]
30-1098	#56 Gas Lamp set, *98–99*	27	21	____[1]
30-1099	#35 Street Lamp set, *98–99*	24	18	____[1]
30-1101	NYC 4-8-2 L-3 Mohawk Steam Locomotive, *95*	299	235	____[1]
30-1102	AT&SF 4-8-2 L-3 Mohawk Steam Locomotive, *95*	299	330	____[1]
30-1103-0	NYC 4-6-4 Hudson Steam Locomotive, *96*	300	255	____[1]
30-1104-0	UP 4-6-4 Hudson Steam Locomotive, *96*	300	235	____[1]
30-1105-0	N&W 4-8-4 "J" Northern Steam Locomotive, *96*	300	550	____[1]
30-1106-0	AT&SF 4-8-4 "J" Northern Steam Locomotive, *96*	300	700	____[1]
30-1107-0	UP 4-6-6-4 Challenger Steam Locomotive, *96*	499	730	____[1]
30-1108-0	UP 4-6-6-4 Challenger Steam Locomotive 2-Rail, *96*	500	740	____[2]
30-1109-0	Nickel Plate 2-8-4 Berkshire Steam Loco, 3-Rail w/ Whistle, *96*	300	320	____[1]
30-1110-0	Erie 2-8-4 Berkshire Steam Locomotive, 3-Rail w/ Whistle, *96*	300	280	____[1]
30-1111-0	N&W 0-8-0 Steam Switcher, *96*	299	255	____[1]
30-1111-1	N&W 0-8-0 Steam Switcher w/ Proto-Sound, *96*	379	325	____[3]
30-1112-0	C&NW 0-8-0 Steam Switcher, *96*	299	275	____[1]
30-1112-1	C&NW 0-8-0 Steam Switcher w/ Proto-Sound, *96*	379	325	____[1]

RAILKING • 30-1113-0 – 30-1129-0   MSRP   LN Cond/$

Item	Description	MSRP	LN Cond/$
30-1113-0	NYC 4-6-4 Dreyfuss Steam Locomotive, *96*	330	415 ___1
30-1113-1	NYC 4-6-4 Dreyfuss Steam Locomotive w/ Proto-Sound, *96*	399	440 ___1
30-1114-0	T&P 4-8-2 L-3 Mohawk Steam Locomotive, *97*	300	260 ___1
30-1114-1	T&P 4-8-2 L-3 Mohawk Steam Locomotive w/ Proto-Sound, *97*	379	400 ___1
30-1115-0	PRR 4-6-2 K-4s Pacific Steam Locomotive, *97*	300	270 ___1
30-1115-1	PRR 4-6-2 K-4s Pacific Steam Locomotive w/ Proto-Sound, *97*	380	345 ___2
30-1116-0	C&O 2-6-6-6 Allegheny Steam Locomotive, 3-Rail w/ Whistle, *97*	550	630 ___1
30-1116-1	C&O 2-6-6-6 Allegheny Steam Locomotive w/ Proto-Sound, *97*	630	690 ___3
30-1117	N&W Auxiliary Fuel Tender, *97*	129	115 ___2
30-1118-0	PRR 4-6-2 Torpedo Steam Locomotive w/ Whistle, *97*	299	290 ___1
30-1118-1	PRR 4-6-2 Torpedo Steam Locomotive w/ Proto-Sound, *97*	399	345 ___2
30-1119-0	SP 4-8-4 Gs-4 Northern Steam Locomotive w/ Whistle, *97*	329	345 ___1
30-1119-1	SP 4-8-4 GS-4 Northern Steam Locomotive w/ Proto-Sound, *97*	429	465 ___2
30-1120-0	W&A 4-4-0 General Steam Locomotive w/ Whistle, *97*	299	285 ___1
30-1120-1	W&A 4-4-0 General Steam Locomotive w/ Proto-Sound, *97*	399	355 ___3
30-1121-0	NYC 4-6-4 Hudson Steam Locomotive, *99*	299	210 ___1
30-1121-1	NYC 4-6-4 Hudson Steam Locomotive w/ Proto-Sound, *97*	399	400 ___1
30-1122-1	D&RGW 4-6-2 Pacific Steam Locomotive w/Proto-Sound, *97*	399	290 ___1
30-1123-0	NYC 0-8-0 Steam Switcher, *97*	299	300 ___1
30-1123-1	NYC 0-8-0 Steam Switcher w/ Proto-Sound, *97*	399	325 ___2
30-11240	NP 0-8-0 Steam Switcher, *97*	299	300 ___1
30-1124-1	NP 0-8-0 Steam Switcher w/ Proto-Sound, *97*	399	310 ___1
30-1125-0	Southern Crescent PS-4 Steam Locomotive, *97*	299	325 ___1
30-1125-1	Southern Crescent PS-4 Steam Locomotive w/ Proto-Sound, *97*	399	450 ___1
30-1126	SP Auxiliary Fuel Tender, *97*	129	110 ___1
30-1127	Hiawatha Hudson Steam Locomotive, *98*	329	370 ___1
30-1127-1	Hiawatha Hudson Steam Locomotive w/ Proto-Sound, *98*	429	660 ___3
30-1128	C&O 2-8-4 Berkshire Steam Locomotive, 3-Rail w/ Whistle, *98*	299	300 ___1
30-1128-1	C&O 2-8-4 Berkshire Steam Locomotive w/ Proto-Sound, *98*	399	360 ___1
30-1129-0	UP 4-8-8-4 Big Boy Steam Locomotive, *98*	599	770 ___2

RAILKING • 30-1129-1 – 30-1147-1   MSRP   LN   Cond/$

		MSRP	LN	Cond/$
30-1129-1	UP 4-8-8-4 Big Boy Steam Locomotive, *98*	699	770	___ 2
30-1130	UP Auxiliary Water Tender, *98*	129	130	___ 1
30-1133-0	NYC 4-6-4 Commodore Hudson Steam Loco, 3-Rail w/ Whistle, *98*	329	315	___ 1
30-1133-1	NYC 4-6-4 Commodore Hudson Steam Locomotive w/ Proto-Sound, *98*	429	390	___ 2
30-1135-0	W&A 4-4-0 Steam Locomotive, 3-Rail w/ Whistle, *98*	299	290	___ 1
30-1135-1	W&A 4-4-0 Steam Locomotive w/ Proto-Sound, *98*	399	340	___ 1
30-1136-0	AT&SF 2-6-0 Steam Locomotive, 3-Rail w/ Whistle, *98–99*	129	135	___ 1
30-1136-1	AT&SF 2-6-0 Steam Locomotive w/ Proto-Sound, *98–99*	229	305	___ 1
30-1137-0	B&O 2-6-0 Steam Locomotive, 3-Rail w/ Whistle, *98–99*	129	100	___ 1
30-1137-1	B&O 2-6-0 Steam Locomotive w/ Proto-Sound, *98–99*	229	180	___ 1
30-1138-0	PRR 4-6-2 K-4s Pacific Steam Locomotive 3-Rail w/ Whistle, *98*	299	240	___ 1
30-1138-1	PRR 4-6-2 K-4s Pacific Steam Locomotive w/ Proto-Sound, *98*	399	355	___ 1
30-1139-0	UP 4-6-2 Forty-Niner Steam Locomotive 3-Rail w/ Whistle, *98*	329	420	___ 2
30-1139-1	UP 4-6-2 Forty-Niner Steam Locomotive w/ Proto-Sound, *98*	429	360	___ 3
30-1140-0	AT&SF 4-8-4 Northern Steam Locomotive 3-Rail w/ Whistle, *98*	329	300	___ 1
30-1140-1	AT&SF 4-8-4 Northern Steam Locomotive w/ Proto-Sound, *98*	429	385	___ 2
30-1141-0	CNJ 4-6-0 Camelback Steam Locomotive, 3-Rail w/ Whistle, *99*	299	240	___ 1
30-1141-1	CNJ 4-6-0 Camelback Steam Locomotive w/ Proto-Sound, *99*	399	385	___ 1
30-1142-0	Reading 4-6-0 Camelback Steam Locomotive, 3-Rail w/ Whistle, *99*	299	300	___ 1
30-1142-1	Reading 4-6-0 Camelback Steam Locomotive w/ Proto-Sound, *99*	399	360	___ 1
30-1143-0	NYC 4-6-4 Empire State Express Steam, 3-Rail w/ Whistle, *99*	329	330	___ 1
30-1143-1	NYC 4-6-4 Empire State Express Steam Loco w/ Proto-Sound, *99*	429	440	___ 2
30-1144-0	SP Cab-Forward Steam Locomotive, 3-Rail w/ Whistle, *99*	599	640	___ 2
30-1144-1	SP Cab-Forward Steam Locomotive w/ Proto-Sound, *99*	699	600	___ 2
30-1146-1	NYC 4-6-4 Hudson Steam Locomotive w/ Proto-Sound, *99*	399	365	___ 1
30-1147-0	Wabash 4-6-4 Streamlined Hudson Steam Locomotive w/ Proto-Sound, *99*	329	320	___ 1
30-1147-1	Wabash 4-6-4 Streamlined Hudson Steam Locomotive w/ Proto-Sound, *99*	429	360	___ 2

RAILKING • 30-1148-0 – 30-1161-0

		MSRP	LN	Cond/$
30-1148-0	PRR 2-6-0 Steam Locomotive, 3-Rail w/ Whistle, *99*	129	110	___[1]
30-1148-1	PRR 2-6-0 Steam Locomotive, 3-Rail Steam Locomotive w/ Proto-Sound, *99*	229	225	___[1]
30-1149-0	PRR 6-8-6 S-2 Turbine Steam Locomotive, *99*	329	325	___[4]
30-1149-1	PRR 6-8-6 S-2 Turbine Steam Locomotive w/ Proto-Sound, *99*	429	390	___[1]
30-1150-0	UP 2-6-0 Steam Locomotive, 3-Rail w/ Whistle, *99*	129	110	___[1]
30-1150-1	UP 2-6-0 Steam Locomotive, 3-Rail Steam Loco w/ Proto-Sound, *99*	229	225	___[1]
30-1151-0	UP 4-8-4 FEF Northern Steam Locomotive, *99*	329	320	___[1]
30-1151-1	UP 4-8-4 FEF Northern Steam Locomotive, *99*	429	350	___[1]
30-1152-0	Reading 4-6-2 Crusader Steam Locomotive, *99*	329	320	___[1]
30-1152-1	Reading 4-6-2 Crusader Steam Locomotive, *99*	429	430	___[1]
30-1153-0	Denver & Rio Grande 4-6-0 Steam Locomotive, *99*	129	120	___[1]
30-1153-1	Denver & Rio Grande 4-6-0 Steam Locomotive, *99*	229	160	___[1]
30-1154-0	C&O 4-6-0 Steam Locomotive, *99*	129	120	___[1]
30-1154-1	C&O 4-6-0 Steam Locomotive, *99*	229	160	___[1]
30-1155-0	4-4-0 Wild Wild West Steam Locomotive, *99*	299	290	___[1]
30-1155-1	4-4-0 Wild Wild West Steam Locomotive, *99*	399	330	___[1]
30-1156-0	PRR 2-8-8-2 USRA Steam Locomotive, 3-Rail w/ Whistle, *99–00*	599	335	___[1]
30-1156-1	PRR 2-8-8-2 USRA Steam Locomotive, 3-Rail w/ Proto-Sound, *99–00*	699	620	___[2]
30-1157-0	NP 2-8-8-2 USRA Steam Locomotive, 3-Rail w/ Whistle, *99–00*	599	475	___[1]
30-1157-1	NP 2-8-8-2 USRA Steam Locomotive, 3-Rail w/ Proto-Sound, *99–00*	699	590	___[1]
30-1158-0	NYC 4-6-0 Ten Wheeler Steam Locomotive, 3-Rail w/ Whistle, *99–00*	129	115	___[1]
30-1158-1	NYC 4-6-0 Ten Wheeler Steam Locomotive, 3-Rail w/ Proto-Sound, *99–00*	229	220	___[1]
30-1159-0	PRR 2-8-0 Steam Locomotive, 3-Rail w/ Whistle, *99–00*	129	110	___[1]
30-1159-1	PRR 2-8-0 Steam Locomotive 3-Rail w/ Proto-Sound, *99–00*	229	CP	___[1]
30-1160-0	D&RGW 4-6-0 Ten Wheeler 19th Century, 3-Rail w/ Whistle, *99–00*	329	235	___[1]
30-1160-1	D&RGW 4-6-0 Ten Wheeler 19th Century, 3-Rail w/ Proto-Sound, *99–00*	429	420	___[1]
30-1161-0	C&O 4-6-4 Streamlined Hudson, 3-Rail w/ Whistle, *99–00*	329	320	___[1]

RAILKING • 30-1161-1 – 30-1177-0　　　　　　　　**MSRP　LN　Cond/$**

		MSRP	LN	Cond/$
30-1161-1	C&O 4-6-4 Streamlined Hudson, 3-Rail w/ Proto-Sound, *99–00*	429	390 ___	2
30-1162-0	PRR 4-6-2 K-4s Pacific Steam Locomotive w/ Loco-Sound, *00*	299	230 ___	1
30-1162-1	PRR 4-6-2 K-4s Pacific Steam Locomotive w/ Proto-Sound, *00*	399	390 ___	1
30-1163-0	N&W 2-8-8-2 Y6b Steam Locomotive w/ Loco-Sound, *00*	599	590 ___	1
30-1163-1	N&W 2-8-8-2 Y6b Steam Locomotive w /Proto-Sound, *00*	699	550 ___	1
30-1164-0	PRR 2-8-2 L-1 Mikado Steam Locomotive w/ Loco-Sound, *00*	299	250 ___	1
30-1164-1	PRR 2-8-2 L-1 Mikado Steam Locomotive w/ Proto-Sound, *00*	399	350 ___	1
30-1165-0	NYC 4-8-2 L-3 Mohawk Steam Locomotive w/ Loco-Sound, *00*	299	235 ___	1
30-1165-1	NYC 4-8-2 L-3 Mohawk Steam Locomotive w/ Proto-Sound, *00*	399	390 ___	1
30-1166-0	NYO&W 4-8-2 L-3 Mohawk Steam Locomotive w/ Loco-Sound, *00*	299	290 ___	1
30-1166-1	NYO&W 4-8-2 L-3 Mohawk Steam Locomotive w/ Proto-Sound, *00*	399	335 ___	1
30-1167-0	PRR 6-8-6 IT Turbine Steam Locomotive w/ Proto-Sound, *00*	149	140 ___	1
30-1167-1	PRR 6-8-6 IT Turbine Steam Locomotive w/ Proto-Sound, *00*	249	225 ___	1
30-1168-0	PRR 4-8-2 M-1a Mountain Steam Locomotive w/ Loco-Sound, *00*	329	320 ___	1
30-1168-1	PRR 4-8-2 M-1a Mountain Steam Locomotive w/ Proto-Sound, *00*	429	420 ___	1
30-1169-0	CP 4-6-4 Royal Hudson Steam Locomotive w/ Loco-Sound, *00*	329	320 ___	1
30-1169-1	CP 4-6-4 Royal Hudson Steam Locomotive w/ Proto-Sound, *00*	429	375 ___	1
30-1170-0	PRR 0-6-0 B-6 Switcher Steam Locomotive w/ Loco-Sound, *00*	329	320 ___	1
30-1170-1	PRR 0-6-0 B-6 Switcher Steam Locomotive w/ Proto-Sound, *00*	429	420 ___	1
30-1172-0	CNJ 4-6-2 Blue Comet Pacific Steam Locomotive w/ Loco-Sound, *00*	329	260 ___	1
30-1172-1	CNJ 4-6-2 Blue Comet Pacific Steam Locomotive w/ Proto-Sound, *00*	429	350 ___	1
30-1174-0	SP 4-8-4 GS-2 Northern Steam Locomotive, *01*	329	CP ___	1
30-1174-1	SP 4-8-4 GS-2 Northern Steam Locomotive, *01*	429	CP ___	1
30-1176-0	PRR 2-10-0 Decapod Steam Locomotive, *01*	329	CP ___	1
30-1176-1	PRR 2-10-0 Decapod Steam Locomotive, *01*	429	CP ___	1
30-1177-0	Virginian 2-8-4 Berkshire Steam Locomotive, *01*	299	CP ___	1

RAILKING • 30-1177-1 – 30-2008-0 MSRP LN Cond/$

		MSRP	LN	Cond/$
30-1177-1	Virginian 2-8-4 Berkshire Steam Locomotive, *01*	399	CP	___[1]
30-1178-0	L&N 2-8-4 Berkshire Steam Locomotive, *01*	299	CP	___[1]
30-1178-1	L&N 2-8-4 Berkshire Steam Locomotive, *01*	399	CP	___[1]
30-1179-0	Lackawanna 4-6-0 Camelback Steam Locomotive, *01*	299	CP	___[1]
30-1179-1	Lackawanna 4-6-0 Camelback Steam Locomotive, *01*	399	CP	___[1]
30-1180-0	PRR 4-6-0 Camelback Steam Locomotive, *01*	299	CP	___[1]
30-1180-1	PRR 4-6-0 Camelback Steam Locomotive, *01*	399	CP	___[1]
30-1181-0	Southern 0-8-0 Steam Switcher, *01*	299	CP	___[1]
30-1181-1	Southern 0-8-0 Steam Switcher, *01*	399	CP	___[1]
30-1182-0	Erie 0-8-0 Steam Switcher, *01*	299	CP	___[1]
30-1182-1	Erie 0-8-0 Steam Switcher, *01*	399	CP	___[1]
30-1183-0	Burlington 0-8-0 Steam Switcher, *01*	299	CP	___[1]
30-1183-1	Burlington 0-8-0 Steam Switcher, *01*	399	CP	___[1]
30-1184-0	B&M 0-8-0 Steam Switcher, *01*	299	CP	___[1]
30-1184-1	B&M 0-8-0 Steam Switcher, *01*	399	CP	___[1]
30-1185-0	WP 4-8-4 GS-2 Northern Steam Locomotive, *01*	329	CP	___[1]
30-1185-1	WP 4-8-4 GS-2 Northern Steam Locomotive, *01*	429	CP	___[1]
30-1186-1	NYC 4-6-2 Pacific Steam Locomotive, *01*	429	CP	___[1]
30-1187-1	T&P 4-6-2 Pacific Steam Locomotive, *01*	429	CP	___[1]
30-1188-1	UP 4-6-6-4 Challenger Steam Locomotive, *01*	699	CP	___[1]
30-1189-1	D&RG 4-6-6-4 Challenger Steam Locomotive, *01*	699	CP	___[1]
30-1191-1	B&O 4-6-2 Pacific Steam Locomotive, *01*	429	CP	___[1]
30-1192-1	Chicago & Alton 4-6-2 Pacific Steam Locomotive, *01*	429	CP	___[1]
30-2001-0	NYC F3 AA Diesel set, 3-Rail w/ Horn, *98*	200	185	___[1]
30-2002-0	UP F3 AA Diesel set, 3-Rail w/ Horn, *96*	200	225	___[1]
30-2003	Amtrak Dash 8 Diesel Locomotive, 3-Rail w/ Horn, *96*	179	210	___[1]
30-2004	AT&SF Dash 8 Diesel Locomotive, 3-Rail w/Horn, *96*	179	170	___[2]
30-2005-0	Conrail SD60 Diesel Locomotive, 3-Rail w/ Horn, *96*	180	155	___[1]
30-2005-1	Conrail SD60 Diesel Locomotive w/ Proto-Sound, *96*	260	250	___[1]
30-2006-0	C&NW SD60 Diesel Locomotive, 3-Rail w/ Horn, *96*	180	205	___[1]
30-2006-1	C&NW SD60 Diesel Locomotive w/ Proto-Sound, *96*	260	235	___[1]
30-2007-0	FEC F3 AA Diesel set, 3-Rail w/ Horn, *98*	199	200	___[1]
30-2007-1	FEC F3 AA Diesel set, 3-Rail w /Horn, *98*	279	280	___[1]
30-2008-0	WP F3 AA Diesel set, 3-Rail w/ Horn, *97*	199	190	___[1]

RAILKING • 30-2008-1 – 30-2130-1

Item	Description	MSRP	LN	Cond/$
30-2008-1	WP F3 AA Diesel set w/ Proto-Sound, *97*	279	280	___[1]
30-2009-0	UP Gas Turbine Diesel Locomotive, 3-Rail, *97*	399	325	___[1]
30-2009-1	UP Gas Turbine Diesel Locomotive w/ Proto-Sound, *97*	479	415	___[2]
30-2010-3	NYC F3 B Unit, *97*	80	65	___[1]
30-2011-3	UP F3 B Unit, *97*	80	65	___[1]
30-2012-3	FEC F3 B Unit, *97*	80	70	___[1]
30-2013-3	WP F3 B Unit, *97*	80	70	___[1]
30-2114-0	NS Dash 8 Diesel Locomotive, 3-Rail w/ Horn, *97*	179	165	___[1]
30-2114-1	NS Dash 8 Diesel Locomotive w/ Proto-Sound, *97*	279	255	___[1]
30-2115-0	AT&SF Dash 8 Diesel Locomotive, 3-Rail w/ Horn, *97*	179	165	___[1]
30-2115-1	AT&SF Dash 8 Diesel Locomotive w/ Proto-Sound, *97*	279	235	___[1]
30-2116-0	CSX SD60M Diesel Locomotive, 3-Rail w/ Horn, *97*	179	165	___[1]
30-2116-1	CSX SD60M Diesel Locomotive w/ Proto-Sound, *97*	279	225	___[1]
30-2117-0	UP SD60M Diesel Locomotive, 3-Rail w/ Horn, *97*	179	165	___[1]
30-2117-1	UP SD60M Diesel Locomotive w/ Proto-Sound, *97*	279	220	___[1]
30-2119	Chessie F3 B Unit, *97*	49	75	___[1]
30-2120	Conrail SD90MAC Diesel, *98*	129	110	___[1]
30-2120-1	Conrail SD90MAC Diesel Locomotive w/ Proto-Sound, *98*	229	195	___[1]
30-2121-0	AT&SF SD90MAC Diesel Locomotive, 3-Rail w/ Horn, *98*	129	125	___[1]
30-2121-1	AT&SF SD90MAC Diesel Locomotive w/ Proto-Sound, *98*	229	195	___[1]
30-2122	MTA 4-car Subway set, *98*	199	230	___[1]
30-2122-1	MTA 4-car Subway set w/ Proto-Sound, *98*	299	370	___[1]
30-2123	D&RGW Rotary Snow Plow, *98*	59	50	___[1]
30-2124	PRR Rotary Snow Plow, *98*	59	60	___[1]
30-2125-0	D&H Alco PA AA Diesel set, *98*	179	180	___[1]
30-2125-1	D&H Alco PA AA Diesel set w/ Proto-Sound, *98*	279	300	___[1]
30-2126-0	D&RGW Alco PA AA Diesel set, *98*	179	180	___[1]
30-2126-1	D&RGW Alco PA AA Diesel set w/ Proto-Sound, *98*	279	300	___[1]
30-2127	D&H Alco PA B Unit, *98*	59	50	___[1]
30-2128	D&RGW Alco PA B Unit, *98*	59	47	___[1]
30-2129-0	BNSF Dash 9 Diesel Locomotive, 3-Rail w/ Horn, *98*	129	125	___[1]
30-2129-1	BNSF Dash 8 Diesel Locomotive w/ Proto-Sound, *98*	229	195	___[1]
30-2130-0	PRR F3 AA Diesel set, 3-Rail w /Horn, *98*	179	180	___[1]
30-2130-1	PRR F3 AA Diesel set w/ Proto-Sound, *98*	279	250	___[1]

RAILKING • 30-2131-0 – 30-2145-0   MSRP   LN   Cond/$

Item	Description	MSRP	LN	Cond/$
30-2131-0	AT&SF F3 AA Diesel set, 3-Rail w/ Horn, *98*	179	180	___ 1
30-2131-1	AT&SF F3 AA Diesel set w/ Proto-Sound, *98*	279	255	___ 1
30-2132	PRR F3 B Unit, *98*	59	48	___ 1
30-2133	AT&SF F3 B Unit, *98*	59	50	___ 1
30-2134-0	B&O Doodlebug, 3-Rail w/ Horn, *98*	120	100	___ 1
30-2134-1	B&O Doodlebug w/ Proto-Sound, *98*	220	210	___ 1
30-2134-3	B&O Doodlebug Non-powered Diesel Locomotive, *99–00*	59	CP	___ 1
30-2135-0	AT&SF Doodlebug, 3-Rail w/ Horn, *98*	120	155	___ 1
30-2135-1	AT&SF Doodlebug w/ Proto-Sound, *98*	220	225	___ 1
30-2135-3	Santa Fe Doodlebug Non-powered Diesel Locomotive, *99–00*	59	50	___ 1
30-2136-0	Conrail Dash 8 Diesel Locomotive, 3-Rail w/Horn, *98*	129	135	___ 1
30-2136-1	Conrail Dash 8 Diesel Locomotive w/Proto-Sound, *98*	229	195	___ 1
30-2137	AT&SF F3 A Unit, *98*	59	50	___ 1
30-2138-0	UP NW2 Diesel Switcher 3-Rail w/ Horn, *98*	129	130	___ 1
30-2138-1	UP NW2 Diesel Switcher w/ Proto-Sound, *98*	229	170	___ 1
30-2138-3	UP NW2 Diesel Switcher Calf, *99*	49	45	___ 1
30-2139-0	C&NW NW2 Diesel Switcher 3-Rail w/ Horn, *98*	129	130	___ 1
30-2139-1	C&NW NW2 Diesel Switcher w/ Proto-Sound, *98*	229	205	___ 1
30-2139-3	C&NW NW2 Diesel Switcher Calf, *99*	49	45	___ 1
30-2140-0	NYC E8 AA Diesel Locomotive set 3-Rail w/ Horn, *99*	179	200	___ 1
30-2140-1	NYC E8 AA Diesel Locomotive set w/ Proto-Sound, *99*	279	230	___ 1
30-2140-3	NYC E8 B-Unit Diesel Locomotive, *99*	59	55	___ 1
30-2141-0	SP E8 AA Diesel Locomotive set 3-Rail w/ Horn, *99*	179	140	___ 1
30-2141-1	SP E8 AA Diesel Locomotive set w/ Proto-Sound, *99*	279	230	___ 1
30-2141-3	SP E8 B-Unit Diesel Locomotive, *99*	59	55	___ 1
30-2142-0	EMD F3 AA Diesel set 3-Rail w/ Horn, *99*	159	160	___ 1
30-2142-1	EMD F3 AA Diesel set w/Proto-Sound, *99*	259	285	___ 1
30-2142-3	EMD F3 B Unit, *99*	49	45	___ 1
30-2143-0	B&O F3 AA Diesel set, 3-Rail w/ Horn, *99*	159	160	___ 1
30-2143-1	B&O F3 AA Diesel set w/ Proto-Sound, *99*	259	250	___ 1
30-2143-3	B&O F3 B Unit, *99*	49	45	___ 1
30-2144-0	B&O RDC Budd Car set, 3-Rail w/ Horn, *99*	179	160	___ 1
30-2144-1	B&O RDC Budd Car set w/ Proto-Sound, *99*	279	230	___ 1
30-2145-0	AT&SF RDC Budd Car set, 3-Rail w/ Horn, *99*	179	170	___ 1

RAILKING • 30-2145-1 – 30-2156-1

Item	Description	MSRP	LN	Cond/$
30-2145-1	AT&SF RDC Budd Car set w/ Proto-Sound, *99*	279	240	___ [2]
30-2146-0	ACL SW8 Diesel Switcher, 3-Rail w/ Horn, *99*	129	125	___ [1]
30-2146-1	ACL SW8 Diesel Switcher w/ Proto-Sound, *99*	229	190	___ [1]
30-2146-3	ACL SW8 Diesel Switcher Calf, *00*	49	45	___ [1]
30-2147-0	Erie-Lackawanna SW8 Diesel Switcher, 3-Rail w/ Horn, *99*	129	125	___ [1]
30-2147-1	Erie-Lackawanna SW8 Diesel Switcher w/ Proto-Sound, *99*	229	185	___ [1]
30-2147-3	Erie-Lackawanna SW8 Diesel Switcher Calf, *00*	49	45	___ [1]
30-2148-0	WP SW9 Diesel Switcher, 3-Rail w/ Horn, *99*	129	120	___ [1]
30-2148-1	WP SW9 Diesel Switcher w/ Proto-Sound, *99*	229	180	___ [1]
30-2148-3	WP SW9 Diesel Switcher Calf, *00*	49	45	___ [1]
30-2149-0	PRR SW9 Diesel Switcher, 3-Rail w/ Horn, *99*	129	115	___ [1]
30-2149-1	PRR SW9 Diesel Switcher w/ Proto-Sound, *99*	229	230	___ [1]
30-2149-3	PRR SW9 Diesel Switcher Calf, *00*	49	45	___ [1]
30-2150-0	AT&SF Alco PA AA Diesel set, *99*	179	180	___ [1]
30-2150-1	AT&SF Alco PA AA Diesel set w/ Proto-Sound, *99*	279	245	___ [1]
30-2150-3	AT&SF Alco PA B Unit, *99*	59	50	___ [1]
30-2151-0	Southern Alco PA AA Diesel set, *99*	179	180	___ [1]
30-2151-1	Southern Alco PA AA Diesel set w/ Proto-Sound, *99*	279	295	___ [1]
30-2151-3	Southern Alco PA B Unit, *99*	59	50	___ [1]
30-2152-0	UP SD45 Diesel Locomotive, 3-Rail w/ Horn, *99*	129	130	___ [1]
30-2152-1	UP SD45 Diesel Locomotive w/Proto-Sound, *99*	229	240	___ [1]
30-2153-0	PRR SD45 Diesel Locomotive, 3-Rail w/ Horn, *99*	129	110	___ [1]
30-2153-1	PRR SD45 Diesel Locomotive w/ Proto-Sound, *99*	229	200	___ [1]
30-2154-0	D&RGW Galloping Goose Diesel, 3-Rail w/ Horn, *99*	149	150	___ [1]
30-2154-1	D&RGW Galloping Goose Diesel w/ Proto-Sound, *99*	249	215	___ [2]
30-2155-0	C&NW Dash 8 Diesel Locomotive, 3-Rail w/ Horn, *99*	129	125	___ [1]
30-2155-1	C&NW Dash 8 Diesel Locomotive w/ Proto-Sound, *99*	229	200	___ [1]
30-2156	Santa Fe NW2 Switcher Calf, *99*	49	50	___
30-2156-0	AT&SF NW2 Diesel Switcher 3-Rail w/ Horn, *99*	129	130	___ [1]
30-2156-1	AT&SF NW2 Diesel Switcher w/ Proto-Sound, *99*	229	195	___ [1]

RAILKING • 30-2157 – 30-2174-0

No.	Description	MSRP	LN	Cond/$
30-2157	Southern NW2 Switcher Calf, *99*	49	50	
30-2157-0	Southern NW2 Diesel Switcher 3-Rail w/ Horn, *99*	129	130	1
30-2157-1	Southern NW2 Diesel Switcher w/ Proto-Sound, *99*	229	210	1
30-2158-0	PRR Doodlebug, 3-Rail w/ Horn and Proto-Sound, *99*	119	100	1
30-2158-1	PRR Doodlebug w/ Proto-Sound, *99*	219	180	2
30-2158-3	PRR Doodlebug Non-powered Diesel Locomotive, *99–00*	59	CP	1
30-2159-0	C&NW Doodlebug, 3-Rail w/ Horn & Proto-Sound, *99*	119	100	1
30-2159-1	C&NW Doodlebug w/ Proto-Sound, *99*	219	160	1
30-2159-3	C&NW Doodlebug Non-powered Diesel Locomotive, *99–00*	59	CP	1
30-2160-0	Amtrak Genesis Diesel, 3-Rail w/ Horn, *99*	129	130	1
30-2160-1	Amtrak Genesis Diesel w/ Proto-Sound, *99*	229	280	1
30-2161	2-car Subway Add-On (Non-powered set), *99*	79	85	1
30-2162-0	MTA 4-car Subway set, *99*	199	190	1
30-2162-1	MTA 4-car Subway set w/ Proto-Sound, *99*	299	310	1
30-2163	2-car Subway Add-On (Non-powered set), *99*	79	85	1
30-2164-1	Amtrak Diesel Passenger set w/ Proto-Sound, *99*	349	280	1
30-2165-0	C&NW SW8 Diesel Switcher, *99*	129	120	1
30-2165-1	C&NW SW8 Diesel Switcher, *99*	229	220	1
30-2165-3	C&NW SW8 Diesel Switcher Calf, *00*	49	45	1
30-2166-0	CP Rail SW8 Diesel Switcher, *99*	129	120	
30-2166-1	CP Rail SW8 Diesel Switcher, *99*	229	—	
30-2166-3	CP SW8 Diesel Switcher Calf, *00*	49	45	
30-2167-0	Union Pacific SW9 Diesel Switcher, *99*	129	120	1
30-2167-1	Union Pacific SW9 Diesel Switcher, *99*	229	185	1
30-2167-3	UP SW9 Diesel Switcher Calf, *00*	49	45	1
30-2168-0	C&O SW9 Diesel Switcher, *99*	129	120	1
30-2168-1	C&O SW9 Diesel Switcher, *99*	229	160	1
30-2168-3	C&O SW9 Diesel Switcher Calf, *00*	49	45	1
30-2169-0	BNSF SW9 Diesel Switcher, *99*	129	120	1
30-2169-1	BNSF SW9 Diesel Switcher, *99*	229	210	1
30-2169-3	BNSF SW9 Diesel Switcher Calf, *00*	49	45	1
30-2170-0	New Haven EP-5 Electric, *99*	149	140	1
30-2170-1	New Haven EP-5 Electric, *99*	249	210	1
30-2171-0	Great Northern EP-5 Electric, *99*	149	140	1
30-2171-1	Great Northern EP-5 Electric, *99*	249	210	1
30-2173-0	PRR FA-2 Diesel Locomotive set, 3-Rail w/ Horn, *99–00*	159	135	1
30-2173-1	PRR FA-2 Diesel Locomotive set, 3-Rail w/ Proto-Sound, *99–00*	259	180	1
30-2173-3	PRR FA-2 B Unit, *99–00*	49	50	1
30-2174-0	B&O FA-2 Diesel Locomotive set, 3-Rail w/ Horn, *99–00*	159	150	1

RAILKING • 30-2174-1 – 30-2184-3   MSRP   LN   Cond/$

30-2174-1	B&O FA-2 Diesel Locomotive set, 3-Rail w/ Proto-Sound, *99–00*	259	180 ___	[1]
30-2174-3	B&O FA-2 B Unit, *99–00*	49	50 ___	[1]
30-2175-0	Chicago 4-car Modern Subway set, 3-Rail, *99–00*	199	190 ___	[1]
30-2175-1	Chicago 4-car Modern Subway set, 3-Rail w/ Proto-Sound, *99–00*	299	290 ___	[1]
30-2176-0	NYC SW8 Diesel Switcher, 3-Rail w/ Horn, *99–00*	129	120 ___	[1]
30-2176-1	NYC SW8 Diesel Switcher, 3-Rail w/ Proto-Sound, *99–00*	229	175 ___	[1]
30-2176-3	NYC SW8 Diesel Switcher Calf, *00*	49	45 ___	[1]
30-2177-0	GN SW8 Diesel Switcher, 3-Rail w/ Horn, *99–00*	129	120 ___	[1]
30-2177-1	GN SW8 Diesel Switcher, 3-Rail w/ Proto-Sound, *99–00*	229	175 ___	[1]
30-2177-3	GN SW8 Diesel Switcher Calf, *00*	49	45 ___	[1]
30-2178-0	T&P SW8 Diesel Switcher, 3-Rail w/ Horn, *99–00*	129	120 ___	[1]
30-2178-1	T&P SW8 Diesel Switcher, 3-Rail w/ Proto-Sound, *99–00*	229	175 ___	[1]
30-2178-3	T&P SW8 Diesel Switcher Calf, *00*	49	45 ___	[1]
30-2179-0	B&M SW9 Diesel Switcher 3 Rail w/ Horn, *99–00*	129	120 ___	[1]
30-2179-1	B&M SW9 Diesel Switcher 3 Rail w/ Proto-Sound, *99–00*	229	175 ___	[1]
30-2179-3	B&M SW9 Diesel Switcher Calf, *00*	49	45 ___	[1]
30-2180-0	UP E8 AA Diesel set, 3-Rail w/ Horn, *99–00*	179	170 ___	[1]
30-2180-1	UP E8 AA Diesel set, 3-Rail w/ Proto-Sound, *99–00*	279	270 ___	[1]
30-2180-3	UP E8 B Unit Diesel Locomotive, *99–00*	59	55 ___	[1]
30-2181-0	Seaboard E8 AA Diesel set, 3-Rail w/ Horn, *99–00*	179	170 ___	[1]
30-2181-1	Seaboard E8 AA Diesel set, 3-Rail w/ Proto-Sound, *99–00*	279	280 ___	[1]
30-2181-3	Seaboard E8 B Unit Diesel Locomotive, *99–00*	59	55 ___	[1]
30-2182-0	NYC RDC Budd Car set, 3-Rail w/ Horn, *99–00*	179	170 ___	[1]
30-2182-1	NYC RDC Budd Car set, 3-Rail w/ Proto-Sound, *99–00*	279	270 ___	[1]
30-2183-0	CP RDC Budd Car set, 3-Rail w/ Horn, *99–00*	179	170 ___	[1]
30-2183-1	CP RDC Budd Car set, 3-Rail w/ Proto-Sound, *99–00*	279	300 ___	[1]
30-2184-0	D&RGW F3 AA Diesel set, 3-Rail w/ Horn, *99–00*	159	150 ___	[1]
30-2184-1	D&RGW F3 AA Diesel set, 3-Rail w/ Proto-Sound, *99–00*	259	250 ___	[1]
30-2184-3	D&RGW B Unit, *99–00*	49	45 ___	[1]

RAILKING • 30-2185-0 – 30-2198-0   MSRP   LN Cond/$

30-2185-0	C&O F3 AA Diesel set, 3-Rail w/ Horn, *99–00*	159	100 ____[1]
30-2185-1	C&O F3 AA Diesel set, 3-Rail w/ Proto-Sound, *99–00*	259	250 ____[1]
30-2185-3	C&O B Unit, *99–00*	49	45 ____[1]
30-2186-0	Pioneer Zephyr Diesel Passenger set, 3-Rail w/ Horn, *99–00*	279	370 ____[1]
30-2186-1	Pioneer Zephyr Diesel Passenger set, 3-Rail w/ Proto-Sound, *99–00*	379	325 ____[1]
30-2187-0	Rock Island E8 AA Diesel set, 3-Rail w/ Horn, *99–00*	179	170 ____[1]
30-2187-1	Rock Island E8 AA Diesel set, 3-Rail w/ Proto-Sound, *99–00*	279	290 ____[1]
30-2187-3	Rock Island E8 Unit Diesel Locomotive, *99–00*	59	55 ____[1]
30-2188-0	NASA SW-1500 Diesel Switcher w/ Loco-Sound, *00*	149	140 ____[1]
30-2188-1	NASA SW-1500 Diesel Switcher w/ Proto-Sound, *00*	249	240 ____[1]
30-2189-0	Reading SW-1500 Diesel Switcher w/ Loco-Sound, *00*	149	140 ____[1]
30-2189-1	Reading SW-1500 Diesel Switcher w/ Proto-Sound, *00*	249	190 ____[1]
30-2190-0	B&M Doodlebug w/ Loco-Sound, *00*	129	120 ____[1]
30-2190-1	B&M Doodlebug w/ Proto-Sound, *00*	229	220 ____[1]
30-2191-0	UP Doodlebug w/ Loco-Sound, *00*	129	120 ____[1]
30-2191-1	UP Doodlebug w/ Proto-Sound, *00*	229	220 ____[1]
30-2193-0	EMD SD45 Diesel Locomotive w/ Loco-Sound, *00*	149	140 ____[1]
30-2193-1	EMD SD45 Diesel Locomotive w/ Proto-Sound, *00*	249	230 ____[1]
30-2194-0	Conrail SD45 Diesel Locomotive w/ Loco-Sound, *00*	149	140 ____[1]
30-2194-1	Conrail SD45 Diesel Locomotive w/ Proto-Sound, *00*	249	240 ____[1]
30-2195-0	SP Alco PA AA Diesel set w/ Loco-Sound, *00*	179	170 ____[1]
30-2195-1	SP Alco PA AA Diesel set w/ Proto-Sound, *00*	279	270 ____[1]
30-2195-3	SP Alco PA B Unit, *00*	59	55 ____[1]
30-2196-0	LV Alco PA AA Diesel set w/ Loco-Sound, *00*	179	170 ____[1]
30-2196-1	LV Alco PA AA Diesel set w/ Proto-Sound, *00*	279	270 ____[1]
30-2196-3	LV Alco PA B Unit, *00*	59	55 ____[1]
30-2197-0	UP M10000 Diesel Passenger set w/ Loco-Sound, *00*	259	250 ____[1]
30-2197-1	UP M10000 Diesel Passenger set w/ Proto-Sound, *00*	359	495 ____[1]
30-2198-0	MTA R21 4-car Subway set w/ Loco-Sound, *00*	199	190 ____[1]

RAILKING • 30-2198-1 – 30-2218-1

		MSRP	LN	Cond/$
30-2198-1	MTA R21 4-car Subway set w/ Proto-Sound, *00*	299	290	___ [1]
30-2199-0	CalTran F40PH Diesel Locomotive, 3-Rail, w/ Horn, *00*	149	140	___ [1]
30-2199-1	CalTran F40PH Diesel Locomotive w/ Proto-Sound, *00*	249	240	___ [1]
30-2200-0	UP RS-3 Diesel Locomotive w/ Loco-Sound, *00*	149	140	___ [1]
30-2200-1	UP RS-3 Diesel Locomotive w/ Proto-Sound, *00*	249	240	___ [1]
30-2201-0	PRR RS-3 Diesel Locomotive w/ Loco-Sound, *00*	149	140	___ [1]
30-2201-1	PRR RS-3 Diesel Locomotive w/ Proto-Sound, *00*	249	240	___ [1]
30-2202-0	Rock Island RS-3 Diesel Locomotive w/ Loco-Sound, *00*	149	140	___ [1]
30-2202-1	Rock Island RS-3 Diesel Locomotive w/ Proto-Sound, *00*	249	240	___ [1]
30-2203-1	D&RGW Galloping Goose Diesel w/ Proto-Sound, *00*	249	200	___ [1]
30-2207-0	B&M RS-3 Diesel Locomotive w/ Loco-Sound, *00*	149	140	___ [1]
30-2207-1	B&M RS-3 Diesel Locomotive w/ Proto-Sound, *00*	249	240	___ [1]
30-2208-0	Erie-Lackawanna RS-3 Diesel Locomotive w/ Loco-Sound, *00*	149	140	___ [1]
30-2208-1	Erie-Lackawanna RS-3 Diesel Locomotive w/ Proto-Sound, *00*	249	240	___ [1]
30-2209-0	NYC RS-3 Diesel Locomotive w/ Loco-Sound, *00*	149	140	___ [1]
30-2209-1	NYC RS-3 Diesel Locomotive w/ Proto-Sound, *00*	249	240	___ [1]
30-2210-0	PRR Aerotrain Diesel Locomotive, *01*	299	CP	___ [1]
30-2210-1	PRR Aerotrain Diesel Locomotive, *01*	399	CP	___ [1]
30-2214-0	CNW SW1500 Switcher Diesel Locomotive, *01*	149	CP	___ [1]
30-2214-1	CNW SW1500 Switcher Diesel Locomotive, *01*	249	CP	___ [1]
30-2215-0	UP SW1500 Switcher Diesel Locomotive, *01*	149	CP	___ [1]
30-2215-1	UP SW1500 Switcher Diesel Locomotive, *01*	249	CP	___ [1]
30-2216-0	Conrail SW1500 Switcher Diesel Locomotive, *01*	149	CP	___ [1]
30-2216-1	Conrail SW1500 Switcher Diesel Locomotive, *01*	249	CP	___ [1]
30-2217-0	NYC SW1500 Switcher Diesel Locomotive, *01*	149	CP	___ [1]
30-2217-1	NYC SW1500 Switcher Diesel Locomotive, *01*	249	CP	___ [1]
30-2218-0	UP Alco PA AA Diesel set, *01*	179	CP	___ [1]
30-2218-1	UP Alco PA AA Diesel set, *01*	279	CP	___ [1]

RAILKING • 30-2218-3 – 30-2512-1

Item	Description	MSRP	LN	Cond/$
30-2218-3	UP Alco PA B Unit, *01*	59	CP	___ [1]
30-2219-0	EL Alco PA AA Diesel set, *01*	179	CP	___ [1]
30-2219-1	EL Alco PA AA Diesel set, *01*	279	CP	___ [1]
30-2219-3	EL Alco PA B Unit, *01*	59	CP	___ [1]
30-2220-0	Penn Central SW8 Switcher Diesel Locomotive, *01*	149	CP	___ [1]
30-2220-1	Penn Central SW8 Switcher Diesel Locomotive, *01*	249	CP	___ [1]
30-2221-0	Alaska SW9 Switcher Diesel Locomotive, *01*	149	CP	___ [1]
30-2221-1	Alaska SW9 Switcher Diesel Locomotive, *01*	249	CP	___ [1]
30-2222-0	Long Island SW8 Switcher Diesel Locomotive, *01*	149	CP	___ [1]
30-2222-1	Long Island SW8 Switcher Diesel Locomotive, *01*	249	CP	___ [1]
30-2223-0	AT&SF SW9 Switcher Diesel Locomotive, *01*	149	CP	___ [1]
30-2223-1	AT&SF SW9 Switcher Diesel Locomotive, *01*	249	CP	___ [1]
30-2224-0	UP SD90 MAC Diesel Locomotive, *01*	149	CP	___ [1]
30-2224-1	UP SD90 MAC Diesel Locomotive, *01*	249	CP	___ [1]
30-2225-0	Canadian Pacific SD90 MAC Diesel Locomotive, *01*	149	CP	___ [1]
30-2225-1	Canadian Pacific SD90 MAC Diesel Locomotive, *01*	249	CP	___ [1]
30-2226-0	NS SD90 MAC Diesel Locomotive, *01*	149	CP	___ [1]
30-2226-1	NS SD90 MAC Diesel Locomotive, *01*	249	CP	___ [1]
30-2415-0	PRR GG-1 Electric Locomotive (O31), *00*	699	690	___ [1]
30-2500	PRR GG-1 Electric Locomotive (O31), *96*	299	240	___ [1]
30-2501	PRR GG-1 Electric Locomotive (O31), *96*	299	280	___ [1]
30-2502	Amtrak GG-1 Electric Locomotive (O31), *96*	299	265	___ [1]
30-2503	SEPTA PCC Electric Street Car, 3-Rail, *96*	99	105	___ [2]
30-2504-0	San Francisco PCC Electric Street Car, 3-Rail, *97*	99	90	___ [2]
30-2504-1	San Francisco PCC Electric Street Car w/ Proto-Sound, *97*	199	170	___ [1]
30-2505-0	Pittsburgh PCC Electric Street Car, 3-Rail, *98*	99	90	___ [1]
30-2505-1	Pittsburgh PCC Electric Street Car w/ Proto-Sound, *98*	199	205	___ [1]
30-2506	PRR GG-1 Electric Locomotive (O31), *98*	299	275	___ [1]
30-2507	PRR GG-1 Electric Locomotive (O31), *98*	299	310	___ [1]
30-2508	Operating Hand Car, *99*	59	47	___ [1]
30-2510-0	Washington PCC Electric Street Car, *99*	99	105	___ [1]
30-2510-1	Washington PCC Electric Street Car, *99*	199	120	___ [1]
30-2511	Operating Santa Hand Car, *99*	59	45	___ [1]
30-2512-0	Brill Semi-convertible Trolley, 3-Rail, *99–00*	99	90	___ [1]
30-2512-1	Brill Semi-convertible Trolley, 3-Rail w/ Proto-Sound, *99–00*	199	190	___ [1]

RAILKING • 30-2513-0 – 30-4021-0

		MSRP	LN	Cond/$
30-2513-0	WP PCC Electric Street Car, 3-Rail, *99–00*	99	90	____[1]
30-2513-1	WP PCC Electric Street Car, 3-Rail w/ Proto-Sound, *99–00*	199	150	____[1]
30-2514-0	PRR Millennium GG-1 (O31) Electric Locomotive, *99*	699	610	____[1]
30-2515-0	PRR GG-1 Electric Locomotive w/ Loco-Sound (O31), *00*	299	275	____[1]
30-2515-1	PRR GG-1 Electric Locomotive w/ Proto-Sound (O31), *00*	399	390	____[1]
30-2516-0	Conrail GG-1 Electric Locomotive w/ Loco-Sound (O31), *00*	299	290	____[1]
30-2516-1	Conrail GG-1 Electric Locomotive w/ Proto-Sound (O31), *00*	399	390	____[1]
30-2517-0	PC GG-1 Electric Locomotive w/ Loco-Sound (O31), *00*	299	290	____[1]
30-2517-1	PC GG-1 Electric Locomotive w/ Proto-Sound (O31), *00*	399	390	____[1]
30-2518-0	New Haven Rectifier Electric w/ Loco-Sound, *00*	159	150	____[1]
30-2518-1	New Haven Rectifier Electric w/ Proto-Sound, *00*	259	250	____[1]
30-2519-0	Virginian Rectifier Electric w/ Loco-Sound, *00*	159	250	____[1]
30-2519-1	Virginian Rectifier Electric w/ Proto-Sound, *00*	259	250	____[1]
30-2520	Operating Hand Car, 2 figures, *00*	59	50	____[1]
30-2521-0	PCC Electric Street Car w/ Loco-Sound, *00*	99	85	____[1]
30-2521-1	PCC Electric Street Car w/ Proto-Sound, *00*	199	160	____[1]
30-2524-0	NJ Transit PCC Electric Street Car w/ Loco-Sound, *00*	129	120	____[1]
30-2524-1	NJ Transit PCC Electric Street Car w/ Proto-Sound, *00*	229	220	____[1]
30-2526	M.O.W. Operating Hand Car, *01*	59	CP	____[1]
30-4017-0	AT&SF 2-6-0 R-T-R Train set w/ Whistle, *98–99*	199	200	____[1]
30-4017-1	AT&SF 2-6-0 R-T-R Train set w/ Proto-Sound, *98–99*	279	245	____[1]
30-4018-0	Amtrak Genesis R-T-R Train set w/ Horn, *98–99*	299	230	____[1]
30-4018-1	Amtrak Genesis R-T-R Train set w/ Proto-Sound, *98–99*	379	310	____[1]
30-4019-0	Conrail Diesel R-T-R Work Train set w/ Horn, *98*	249	185	____[1]
30-4019-1	Conrail Diesel R-T-R Work Train set w/ Proto-Sound, *98*	320	300	____[1]
30-4020-0	B&O 2-6-0 R-T-R Train set w/ Whistle, *98*	199	200	____[1]
30-4020-1	B&O 2-6-0 R-T-R Train set w/ Proto-Sound, *98*	279	225	____[1]
30-4021-0	AT&SF F3 R-T-R Passenger Train set w/ Horn, *98–99*	229	220	____[1]

RAILKING • 30-4021-1 – 30-4036-1A   MSRP   LN Cond/$

30-4021-1	AT&SF F3 R-T-R Passenger Train set w/ Proto-Sound, *98–99*	309	225	___ [1]
30-4023-0	PRR 2-8-0 R-T-R Train set w/ Whistle, *99*	199	150	___ [1]
30-4023-1	PRR 2-8-0 R-T-R Train set w/ Proto-Sound, *99*	279	165	___ [1]
30-4024-0	Amtrak Diesel R-T-R Work Train set w/ Horn, *99*	249	240	___ [1]
30-4024-1	Amtrak Diesel R-T-R Work Train set w/ Proto-Sound, *99*	329	270	___ [1]
30-4025-0	Amtrak F40ph R-T-R Passenger Train set w/ Horn, *99*	249	250	___ [1]
30-4025-1	Amtrak F40ph R-T-R Passenger Train set w/ Proto-Sound, *99*	329	290	___ [1]
30-4026-0	B&O 0-4-0 R-T-R Train set w/ Whistle, *99*	159	150	___ [1]
30-4027-0	B&O Trolley R-T-R Train set, *99*	99	95	___ [1]
30-4028-0	Trolley R-T-R Train set, *99*	99	80	___ [1]
30-4033-0	2-8-0 Steam R-T-R Train set w/ Loco-Sound, *00*	229	CP	___ [1]
30-4033-0A	2-8-0 Steam Locomotive w/ Loco-Sound, *00*	—	CP	___ [1]
30-4033-1	2-8-0 Steam R-T-R Train set w/ Proto-Sound, *00*	299	CP	___ [1]
30-4033-1A	2-8-0 Steam Locomotive w/ Proto-Sound, *00*	—	CP	___ [1]
30-4033B	Boxcar, *00*	—	CP	___ [1]
30-4033C	Gondola, *00*	—	CP	___ [1]
30-4033D	Wood-sided Caboose, *00*	—	CP	___ [1]
30-4034-0	Chessie F40PH R-T-R Train set w/ Loco-Sound, *00*	199	CP	___ [1]
30-4034-1	Chessie F40PH R-T-R Train set w/ Proto-Sound, *00*	279	CP	___ [1]
30-4034-1A	Chessie F40PH Diesel Locomotive w/ Proto-Sound, *00*	—	CP	___ [1]
30-4034B	Chessie Boxcar, *00*	—	CP	___ [1]
30-4034C	Chessie Tank Car, *00*	—	CP	___ [1]
30-4034D	Chessie Bay Window Caboose, *00*	—	CP	___ [1]
30-4035-0	CNJ 0-4-0 Dockside R-T-R Train set w/ Whistle, *00*	159	CP	___ [1]
30-4035-0A	CNJ 0-4-0 Dockside Locomotive w/ Loco-Sound, *00*	—	CP	___ [1]
30-4035B	CNJ Rounded Roof Boxcar, *00*	—	CP	___ [1]
30-4035C	CNJ Hopper, *00*	—	CP	___ [1]
30-4035D	CNJ Wood-sided Caboose, *00*	—	CP	___ [1]
30-4036-0	N&W 4-8-4 J Steam Passenger R-T-R Train set w/ Loco-Sound, *00*	229	CP	___ [1]
30-4036-0A	N&W 4-8-4 J Steam Locomotive w/ Loco-Sound, *00*	—	CP	___ [1]
30-4036-1	N&W 4-8-4 J Steam Passenger R-T-R Train set w/ Proto-Sound, *00*	299	225	___ [1]
30-4036-1A	N&W 4-8-4 J Steam Locomotive w/ Proto-Sound, *00*	—	CP	___ [1]

RAILKING • 30-4036B – 30-4044-0

No.	Description	MSRP	LN	Cond/$
30-4036B	N&W 3-car O27 Streamlined Passenger set, *OO*	—	CP	___[1]
30-4037-0	PRR 6-8-6 Turbine Steam R-T-R Train set w/ Loco-Sound, *OO*	199	CP	___[1]
30-4037-0A	PRR 6-8-6 Turbine Steam Locomotive w/ Loco-Sound, *OO*	—	CP	___[1]
30-4037-1	PRR 6-8-6 Turbine Steam R-T-R Train set w/ Proto-Sound, *OO*	279	CP	___[1]
30-4037-1A	PRR 6-8-6 IT Turbine Steam Locomotive w/ Proto-Sound, *OO*	—	CP	___[1]
30-4037B	PRR Boxcar, *OO*	—	CP	___[1]
30-4037C	PRR 3-D Tank Car, *OO*	—	CP	___[1]
30-4037D	PRR N5c Caboose, *OO*	—	CP	___[1]
30-4038-0	PRR 6-8-6 Turbine Steam Passenger R-T-R Train set w/ Loco-Sound, *OO*	229	CP	___[1]
30-4038-0A	PRR 6-8-6 IT Turbine Steam Locomotive w/ Loco-Sound, *OO*	—	CP	___[1]
30-4038-1	PRR 6-8-6 Turbine Steam Passenger R-T-R Train set w/ Proto-Sound, *OO*	299	CP	___[1]
30-4038-1A	PRR 6-8-6 IT Turbine Steam Locomotive w/ Proto-Sound, *OO*	—	CP	___[1]
30-4038B	PRR 3-car O27 Streamlined Passenger set, *OO*	—	CP	___[1]
30-4039-0	SP 4-8-4 Daylight Steam Passenger R-T-R Train set w/ Loco-Sound, *OO*	229	CP	___[1]
30-4039-0A	SP 4-8-4 Daylight Steam Locomotive w/ Proto-Sound, *OO*	—	CP	___[1]
30-4039-1	SP 4-8-4 Daylight Steam Passenger R-T-R Train set w/ Proto-Sound, *OO*	299	CP	___[1]
30-4039-1A	SP 4-8-4 Daylight Steam Locomotive w/ Loco-Sound, *OO*	—	CP	___[1]
30-4039B	SP 3-car O27 Streamlined Passenger set, *OO*	—	CP	___[1]
30-4040-0	Trolley R-T-R Train set, *OO*	99	CP	___[1]
30-4041-0	New York Transit Trolley R-T-R Train set, *OO*	99	CP	___[1]
30-4042-0	McDonald's F40PH R-T-R Train set w/ Loco-Sound, *OO*	199	180	___[1]
30-4042-0A	McDonald's F40PH Diesel Locomotive, 3-Rail, w/ Horn, *OO*	229	CP	___[1]
30-4042-1	McDonald's F40PH R-T-R Train set w/ Proto-Sound, *OO*	279	210	___[1]
30-4042-1A	McDonald's F40PH Diesel Locomotive w/ Proto-Sound, *OO*	229	CP	___[1]
30-4042B	McDonald's Boxcar, *OO*	—	CP	___[1]
30-4042C	McDonald's Flatcar, *OO*	—	CP	___[1]
30-4042D	McDonald's Bay Window Caboose, *OO*	—	CP	___[1]
30-4043-0	AT&SF F3 R-T-R Passenger Train set w/ Loco-Sound, *OO*	229	CP	___[1]
30-4043-1	AT&SF F3 R-T-R Passenger Train set w/ Proto-Sound, *OO*	299	CP	___[1]
30-4044-0	Operating Holiday Hand Car Train set, *OO*	99	80	___[1]

RAILKING • 30-4045-0 – 30-6011

		MSRP	LN	Cond/$
30-4045-0	Operating Track Worker Hand Car Train set, *00*	99	CP	___[1]
30-4046-0	NYC 4-6-0 Steam R-T-R Train set w/ Loco-Sound, *00*	199	CP	___[1]
30-4046-1	NYC 4-6-0 Steam R-T-R Train set w/ Proto-Sound, *00*	279	280	___[1]
30-4047-0	Caterpillar F40PH R-T-R Train set w/ Loco-Sound, *00*	229	CP	___[1]
30-4047-1	Caterpillar F40PH R-T-R Train set w/ Proto-Sound, *00*	229	CP	___[1]
30-4049-0	Jersey Central 4-6-2 Bantam Blue Comet Steam R-T-R Set, *01*	279	CP	___[1]
30-4049-1	Jersey Central 4-6-2 Bantam Blue Comet Steam Steam R-T-R set, *01*	379	CP	___[1]
30-4050-0	UP 2-8-0 Steam R-T-R set, *01*	249	CP	___[1]
30-4050-1	UP 2-8-0 Steam R-T-R set, *01*	349	CP	___[1]
30-4051-0	Christmas 4-6-0 Steam R-T-R set, *01*	279	CP	___[1]
30-4052-0	McDonald's Genesis R-T-R set, *01*	279	CP	___[1]
30-4052-1	McDonald's Genesis R-T-R set, *01*	379	CP	___[1]
30-4053-0	Caterpillar SD90-MAC R-T-R set, *01*	279	CP	___[1]
30-4053-1	Caterpillar SD90-MAC R-T-R set, *01*	379	CP	___[1]
30-4054-1	Army F40PH R-T-R set, *01*	499	CP	___[1]
30-4055-0	Alaska F40PH R-T-R set, *01*	279	CP	___[1]
30-4055-1	Alaska F40PH R-T-R set, *01*	379	CP	___[1]
30-4056-0	PRR 6-8-6 Bantam Turbine Steam R-T-R set, *01*	249	CP	___[1]
30-4056-1	PRR 6-8-6 Bantam Turbine Steam R-T-R set, *01*	349	CP	___[1]
30-4057-0	NYC 0-4-0 Dockside R-T-R set, *01*	199	CP	___[1]
30-4058-1	N&W 4-8-4 J Steam Freight R-T-R set, *01*	699	CP	___[1]
30-4059-0	Amtrak F59PH R-T-R set, *01*	279	CP	___[1]
30-4059-1	Amtrak F59PH R-T-R set w/ P 2, *01*	379	CP	___[1]
30-4060-0	PRR 6-8-6 Bantam Turbine Steam R-T-R set, *01*	279	CP	___[1]
30-4060-1	PRR 6-8-6 Bantam Turbine Steam R-T-R set, *01*	379	CP	___[1]
30-5100-0	PRR GG-1 Electric Locomotive (O31), *95*	299	375	___[1]
30-5101	PRR GG-1 Electric Locomotive (O31), *95*	299	250	___[1]
30-5102	PRR GG-1 Electric Locomotive (O31), *95*	299	340	___[1]
30-5103	PRR GG-1 Electric Locomotive (O31), *95*	299	310	___[1]
30-5104	PRR GG-1 Electric Locomotive (O31), *95*	299	300	___[1]
30-5105	PRR GG-1 Electric Locomotive (O31), *95*	299	310	___[1]
30-6000	Amtrak O27 Streamlined Baggage Car, *96*	39	34	___[1]
30-6001	Amtrak O27 Streamlined Coach Car, *96*	40	34	___[1]
30-6002	Amtrak O27 Streamlined Coach Car, *96*	40	39	___[1]
30-6003	Amtrak O27 Streamlined Observation Car, *96*	40	34	___[1]
30-6004	Amtrak 2-car O27 Streamlined Combine/Diner set, Painted, *97*	79	75	___[1]
30-6010	AT&SF O27 Streamlined Baggage Car, *96*	40	32	___[1]
30-6011	AT&SF O27 Streamlined Coach Car, *96*	39	40	___[1]

RAILKING • 30-6012 – 30-6082

		MSRP	LN Cond/$
30-6012	AT&SF O27 Streamlined Vista Dome Car, *96*	40	40 ___[1]
30-6013	AT&SF O27 Streamlined Observation Car, *96*	40	34 ___[1]
30-6014	AT&SF 2-car O27 Streamlined Combine/Diner set, *97*	79	70 ___[1]
30-6020	NYC O27 Streamlined Baggage Car, *97*	35	40 ___[1]
30-6021	NYC O27 Streamlined Coach Car, *97*	35	35 ___[1]
30-6022	NYC O27 Streamlined Vista Dome Car, *97*	35	35 ___[1]
30-6023	NYC O27 Streamlined Observation Car, *97*	35	35 ___[1]
30-6024	NYC 2-car O27 Streamlined Combine/Diner set, *97*	79	90 ___[1]
30-6030	UP O27 Streamlined Baggage Car, *97*	35	45 ___[1]
30-6031	UP O27 Streamlined Coach Car, *97*	35	50 ___[1]
30-6032	UP O27 Streamlined Vista Dome Car, *97*	35	45 ___[1]
30-6033	UP O27 Streamlined Observation Car, *97*	35	45 ___[1]
30-6034	UP 2-car O27 Streamlined Combine/Diner set, Painted, *97*	79	80 ___[1]
30-6040	FEC O27 Streamlined Baggage Car, *97*	35	49 ___[1]
30-6041	FEC O27 Streamlined Coach Car, *97*	35	49 ___[1]
30-6042	FEC O27 Streamlined Vista Dome Car, *97*	35	49 ___[1]
30-6043	FEC O27 Streamlined Observation Car, *97*	35	49 ___[1]
30-6044	FEC 2-car O27 Streamlined Combine/Diner set, Painted, *98*	80	95 ___[1]
30-6050	CB&Q O27 Streamlined Baggage Car, *97*	34	40 ___[1]
30-6051	CB&Q O27 Streamlined Coach Car, *97*	34	50 ___[1]
30-6052	CB&Q O27 Streamlined Vista Dome Car, *97*	35	50 ___[1]
30-6053	CB&Q O27 Streamlined Observation Car, *97*	35	50 ___[1]
30-6054	CB&Q 2-car O27 Streamlined Combine/Diner set, Painted, *98*	79	100 ___[1]
30-6060	SP 4-car O27 Streamlined Passenger set, *97*	159	215 ___[1]
30-6061	SP O27 Streamlined Coach Car, *97*	39	35 ___[1]
30-6062	SP O27 Streamlined Vista Dome Car, *97*	40	60 ___[1]
30-6063	SP 2-car O27 Streamlined Combine/Diner set, Painted, *98*	80	85 ___[1]
30-6064	SP 2-car O27 Streamlined Combine/Diner set, *99*	79	65 ___[1]
30-6065	SP O27 Streamlined Full-length Vista Dome, *99–00*	39	35 ___[1]
30-6070	PRR 4-car O27 Streamlined Passenger set, *97*	159	205 ___[1]
30-6071	PRR O27 Streamlined Coach Car, *97*	39	40 ___[1]
30-6072	PRR O27 Streamlined Vista Dome Car, *97*	39	37 ___[1]
30-6073	PRR 2-car O27 Streamlined Combine/Diner set, Painted, *98*	79	90 ___[1]
30-6080	NYC 4-car O27 Streamlined Passenger set, *97*	159	155 ___[1]
30-6081	NYC O27 Streamlined Coach Car, *97*	39	46 ___[1]
30-6082	NYC O27 Streamlined Vista Dome Car, *97*	39	34 ___[1]

RAILKING • 30-6083 – 30-6121   MSRP   LN   Cond/$

30-6083	NYC 2-car O27 Streamlined Combine/Diner set, Painted, *98*	79	80 ___	[1]
30-6084	SP 2-car O27 Streamlined Combine/Diner set, *99*	79	75 ___	[1]
30-6090	Milwaukee Road 4-car O27 Streamlined Passenger set, Painted, *98–99*	160	180 ___	[2]
30-6091	Milw Road 2-car O27 Streamlined Combine/Diner set, Painted, *98*	80	85 ___	[1]
30-6092	Milwaukee Road O27 Streamlined Full-length Vista Dome, *99–00*	39	35 ___	[1]
30-6094	D&RGW 4-car O27 Streamlined Passenger set, Painted, *98*	159	165 ___	[1]
30-6095	D&RGW 2-car O27 Streamlined Combine/Diner set, Painted, *98*	80	80 ___	[1]
30-6098	D&H 4-car O27 Streamlined Passenger set, Painted, *98*	159	185 ___	[1]
30-6099	D&H 2-car O27 Streamlined Combine/Diner set, Painted, *98*	80	70 ___	[1]
30-6102	AT&SF O27 Streamlined Coach Car, *98–99*	40	35 ___	[1]
30-6103	AT&SF 4-car O27 Streamlined Passenger set, *98*	159	135 ___	[1]
30-6104	PRR 4-car O27 Streamlined Passenger set, *98*	159	135 ___	[1]
30-6105	AT&SF 2-car O27 Streamlined Combine/Diner set, Painted, *98*	79	70 ___	[1]
30-6106	PRR 2-car O27 Streamlined Combine/Diner set, Painted, *98*	79	75 ___	[1]
30-6107	UP 4-car O27 Streamlined Passenger set, *98*	159	160 ___	[1]
30-6108	UP 2-car O27 Streamlined Combine/Diner set, Painted, *99*	79	80 ___	[1]
30-6109	SP 4-car O27 Streamlined Passenger set, *99*	159	135 ___	[1]
30-6110	NYC 4-car O27 Streamlined Passenger set, *99*	159	160 ___	[1]
30-6111	B&O 4-car O27 Streamlined Passenger set, *99*	159	140 ___	[1]
30-6112	EMD 4-car O27 Streamlined Passenger set, *99*	159	140 ___	[1]
30-6113	NYC 4-car O27 Streamlined Passenger set, *99*	159	115 ___	[1]
30-6114	SP O27 Streamlined Coach Car, *99*	39	40 ___	[1]
30-6115	NYC O27 Streamlined Coach Car, *99*	39	35 ___	[1]
30-6116	B&O O27 Streamlined Coach Car, *99*	39	32 ___	[1]
30-6117	EMD O27 Streamlined Coach Car, *99*	39	35 ___	[1]
30-6118	SP O27 Streamlined Vista Dome Car, *99*	39	35 ___	[1]
30-6119	NYC O27 Streamlined Coach Car, *99*	39	28 ___	[1]
30-6120	AT&SF 4-car O27 Streamlined Passenger Set, *99*	159	125 ___	[1]
30-6121	AT&SF O27 Streamlined Vista Dome Car, *99*	39	35 ___	[1]

RAILKING • 30-6123 – 30-6202

		MSRP	LN	Cond/$
30-6123	Southern 4-car O27 Streamlined Passenger set, *99*	159	120 ___ [1]
30-6124	Southern O27 Streamlined Coach Car, *99*	39	25 ___ [1]
30-6126	NYC Empire 2-car O27 Streamlined Combine/Diner set, *99*	79	75 ___ [1]
30-6127	B&O 2-car O27 Streamlined Combine/Diner set, *99*	79	75 ___ [1]
30-6128	EMD 2-car O27 Streamlined Combine/Diner set, *99*	79	60 ___ [1]
30-6129	Santa Fe 2-car O27 Streamlined Combine/Diner set, *99*	79	75 ___ [1]
30-6130	Southern 2-car O27 Streamlined Combine/Diner set, *99*	79	60 ___ [1]
30-6131	NH 4-car O27 Streamlined Passenger set, *99*	159	135 ___ [1]
30-6132	NH O27 Streamlined Coach Car, *99*	39	35 ___ [1]
30-6133	Reading 4-car O27 Streamlined Passenger set, *99*	159	140 ___ [1]
30-6134	Reading O27 Streamlined Coach Car, *99*	39	35 ___ [1]
30-6135	NYC 4-car O27 Streamlined Passenger set, *99*	159	130 ___ [1]
30-6136	Reading O27 Streamlined Observation Car, *99–00*	39	35 ___ [1]
30-6137	New Haven 2-car O27 Streamlined Combine/Diner set, Painted, *99–00*	79	75 ___ [1]
30-6138	Reading 2-car O27 Streamlined Combine/Diner set, Painted, *99–00*	79	75 ___ [1]
30-6139	D&RGW 4-car O27 Streamlined Passenger set, *99–00*	159	150 ___ [1]
30-6140	D&RGW O27 Streamlined Coach, *99–00*	39	35 ___ [1]
30-6141	C&O 4-car O27 Streamlined Passenger set, *99–00*	159	150 ___ [1]
30-6142	C&O O27 Streamlined Coach, *99–00*	39	35 ___ [1]
30-6143	EMD Demonstrator O27 Streamlined Full-length Vista Dome, *99–00*	39	35 ___ [1]
30-6144	New Haven O27 Streamlined Full-length Vista Dome, *99–00*	39	35 ___ [1]
30-6145	Santa Fe O27 Streamlined Full-length Vista Dome, *99–00*	39	35 ___ [1]
30-6148	C&O 2-car O27 Streamlined Combine/Diner set, Painted, *00*	79	70 ___ [1]
30-6149	C&O O27 Streamlined Full-length Vista Dome Car, *00*	39	35 ___ [1]
30-6150	D&RGW 2-car O27 Streamlined Combine/Diner set, Painted, *00*	79	70 ___ [1]
30-6151	D&RGW O27 Streamlined Full-length Vista Dome Car, *00*	39	35 ___ [1]
30-6162	UP 2-car O27 Streamlined Combine/Diner set, *99*	79	75 ___ [1]
30-6200	PRR O27 Madison Baggage Car, *97*	34	55 ___ [1]
30-6201	PRR O27 Madison Coach Car, *97*	35	40 ___ [1]
30-6202	PRR O27 Madison Coach Car, *97*	35	40 ___ [1]

RAILKING • 30-6203 – 30-6260

		MSRP	LN	Cond/$
30-6203	PRR O27 Madison Observation Car, *97*	34	36 ___[1]
30-6204	PRR 2-car O27 Madison Combine/Diner set, *97*	80	70 ___[1]
30-6210	NYC O27 Madison Baggage Car, *97*	34	40 ___[1]
30-6211	NYC O27 Madison Coach Car, *97*	35	40 ___[1]
30-6212	NYC O27 Madison Coach Car, *97*	35	33 ___[1]
30-6213	NYC O27 Madison Observation Car, *97*	35	35 ___[1]
30-6214	NYC 2-car O27 Madison Combine/Diner set, *97–99*	79	75 ___[1]
30-6220	T&P O27 Madison Baggage Car, *97*	34	46 ___[1]
30-6221	T&P O27 Madison Coach Car, *97*	35	46 ___[1]
30-6222	T&P O27 Madison Coach Car, *97*	35	40 ___[1]
30-6223	T&P O27 Madison Observation Car, *97*	35	40 ___[1]
30-6224	T&P 2-car O27 Madison Combine/Diner set, *97*	79	70 ___[1]
30-6230	D&RGW 4-car O27 Madison Passenger set, *97*	159	160 ___[1]
30-6231	D&RGW O27 Madison Coach Car, *97*	39	40 ___[1]
30-6234	D&RGW 2-car O27 Madison Combine/Diner set, *97*	79	80 ___[1]
30-6236	PRR 4-car O27 Madison Passenger set, *00*	159	130 ___[1]
30-6237	PRR O27 Madison Coach Car, *00*	39	35 ___[1]
30-6238	PRR 2-car O27 Madison Combine/Diner set, *00*	79	CP ___[1]
30-6240	Southern 4-car O27 Madison Passenger set, *97*	159	155 ___[1]
30-6241	Southern 2-car O27 Madison Combine/Diner set, *98*	79	85 ___[1]
30-6244	Nickel Plate 4-car O27 Madison Passenger set, *98*	159	155 ___[1]
30-6245	Nickel Plate 2-car O27 Madison Combine/Diner set, *98*	79	110 ___[1]
30-6248	C&O 4-car O27 Madison Passenger set, *98*	159	105 ___[1]
30-6249	C&O 2-car O27 Madison Combine/Diner set, *98*	80	80 ___[1]
30-6250	PRR 4-car O27 Madison Passenger set, *98*	159	140 ___[1]
30-6252	UP 4-car O27 Madison Passenger set, *98*	159	145 ___[1]
30-6253	UP 2-car O27 Madison Combine/Diner set, *98*	79	75 ___[1]
30-6256	NYC 4-car O27 Madison Passenger set, *98*	159	150 ___[1]
30-6257	NYC 2-car O27 Madison Combine/Diner set, Painted, *98*	79	75 ___[1]
30-6258	CNJ 4-car O27 Madison Passenger set, *99*	159	150 ___[1]
30-6259	Jersey Central O-27 Madison Coach Car, *01*	39	CP ___[1]
30-6260	Reading 4-car O27 Madison Passenger set, *99*	159	155 ___[1]

RAILKING • 30-6262 – 30-6713

		MSRP	LN	Cond/$
30-6262	Wabash 4-car O27 Madison Passenger set, *99*	79	135	____ [1]
30-6263	Wabash 2-car Madison Combine/Diner set, *99*	79	75	____ [1]
30-6264	NYC 4-car O27 Madison Passenger set, *99*	159	140	____ [1]
30-6265	B&O 4-car O27 Madison Passenger set, *99–00*	159	150	____ [1]
30-6266	B&O O27 Madison Coach, *99–00*	39	35	____ [1]
30-6267	CNJ 2-car O27 Combination/Diner set, *99–00*	79	75	____ [1]
30-6268	Reading 2-car O27 Combination/Diner set, *99–00*	79	75	____ [1]
30-6269	B&O 2-car O27 Madison Combine/Diner set, *00*	79	75	____ [1]
30-6400	W&A 3-car Overton Passenger Coach set, *97*	119	115	____ [1]
30-6404	4-car Overton Passenger Coach set, *98*	159	135	____ [1]
30-6405	Wanderer 3-car Overton Passenger Coach set, *99–00*	119	110	____ [1]
30-6406	D&RGW 3-car Overton Passenger Coach set, *99–00*	119	110	____ [1]
30-6500	Amtrak 4-car O27 Superliner set, *99*	179	165	____ [1]
30-6501	Amtrak 2-car O27 Superliner Sleeper/Diner set, *98*	80	70	____ [1]
30-6503	Amtrak Superliner Transitional Sleeper Car, *99*	45	40	____ [1]
30-6701	UP 4-car 60' Streamlined ABS Passenger set, Smooth, *99–00*	179	300	____ [1]
30-6702	UP 60' Streamlined ABS Coach, *99–00*	45	40	____ [1]
30-6703	Seaboard 4-car 60' Streamlined ABS Passenger set, Smooth, *99–00*	179	130	____ [1]
30-6704	Seaboard 60' Streamlined ABS Coach, *99–00*	45	40	____ [1]
30-6705	Santa Fe 4-car 60' Streamlined ABS Passenger set, Smooth, *99–00*	179	CP	____ [1]
30-6706	Santa Fe 60' Streamlined ABS Coach, *99–00*	45	CP	____ [1]
30-6707	PRR Millennium 4-car 60' Aluminum Passenger set, *99–00*	599	530	____ [1]
30-6708	Rock Island 4-car 60' Streamlined ABS Passenger set, Smooth, *99–00*	179	170	____ [1]
30-6709	Rock Island 60' Streamlined ABS Coach, *99–00*	45	40	____ [1]
30-6710	RI 2-car 60' Streamlined ABS Sleeper/Diner Passenger set, Smooth, *00*	89	85	____ [1]
30-6711	LV 4-car 60' Streamlined ABS Passenger set, Smooth-sided, *00*	179	150	____ [1]
30-6712	LV 60' Streamlined ABS Coach Car, *00*	45	40	____ [1]
30-6713	LV 2-car 60' Streamlined ABS Sleeper/Diner set, Smooth, *00*	89	85	____ [1]

RAILKING • 30-6715 – 30-6904   MSRP   LN   Cond/$

30-6715	PRR 4-car 60' Streamlined ABS Passenger set, Smooth-sided, *00*	179	150 ___	[1]
30-6716	PRR 60' Streamlined ABS Coach Car, *00*	45	40 ___	[1]
30-6717	PRR 2-car 60' Streamlined ABS Sleeper/Diner set, Smooth, *00*	89	85 ___	[1]
30-6719	AT&SF 2-car 60' Streamlined ABS Sleeper/Diner set, Smooth, *00*	89	85 ___	[1]
30-6720	SCL 2-car 60' Streamlined ABS Sleeper/Diner set, Smooth, *00*	89	85 ___	[1]
30-6721	SCL 60' Streamlined ABS Full-length Vista Dome Car, *00*	49	40 ___	[1]
30-6722	UP 2-car 60' Streamlined ABS Sleeper/Diner Passenger set, Smooth, *00*	89	85 ___	[1]
30-6723	UP 60' Streamlined ABS Full-length Vista Dome Car, *00*	49	40 ___	[1]
30-6724	SP 4-car 60' Streamlined ABS Passenger set, Smooth-sided, *00*	179	150 ___	[1]
30-6725	SP 2-car 60' Streamlined ABS Sleeper/Diner set, Smooth, *00*	89	85 ___	[1]
30-6726	SP 60' Streamlined ABS Full-length Vista Dome, *00*	49	45 ___	[1]
30-6727	SP 60' Streamlined ABS Coach Car, *00*	45	40 ___	[1]
30-6728	AT&SF 60' Streamlined ABS Full-length Vista Dome Car, *00*	49	45 ___	[1]
30-6729	Rock Island 60' Streamlined ABS Full-length Vista Dome Car, *00*	49	45 ___	[1]
30-6730	CP 4-car 60' Streamlined ABS Passenger set, Smooth, *00*	179	120 ___	[1]
30-6731	CP 2-car 60' Streamlined ABS Sleeper/Diner set, Smooth, *00*	89	85 ___	[1]
30-6732	CP 60' Streamlined ABS Coach Car, *00*	45	40 ___	[1]
30-6733	NYC 4-car 60' Streamlined ABS Passenger set, Smooth, *00*	179	170 ___	[1]
30-6734	NYC 2-car 60' Streamlined ABS Sleeper/Diner Passenger, Smooth, *00*	89	85 ___	[1]
30-6735	SP 4-car 60' ABS Pass. set, Smooth, *01*	179	CP ___	[1]
30-6736	SP 60' ABS Coach Car, *01*	45	CP ___	[1]
30-6737	UP 4-car 60' ABS Pass. set, Smooth, *01*	179	CP ___	[1]
30-6738	UP 2-car 60' ABS Sleeper/Diner Passenger set, Smooth, *01*	89	CP ___	[1]
30-6739	UP 60' ABS Coach Car, *01*	45	CP ___	[1]
30-6741	EL 4-car 60' ABS Pass. set, Smooth, *01*	179	CP ___	[1]
30-6742	EL 2-car 60' ABS Sleeper/Diner Passenger set, Smooth, *01*	89	CP ___	[1]
30-6743	EL 60' ABS Coach Car, *01*	45	CP ___	[1]
30-6744	SP 2-car 60' ABS Sleeper/Diner Passenger set, Smooth, *01*	89	CP ___	[1]
30-6901	CNJ 4-car 60' Madison Passenger set, *00*	179	CP ___	[1]
30-6902	CNJ 2-car 60' Madison Combine/Diner set, *00*	89	CP ___	[1]
30-6903	CNJ 60' Madison Coach Car, *00*	45	CP ___	[1]
30-6904	PRR 4-car 60' Madison Passenger set, *00*	179	CP ___	[1]

RAILKING • 30-6905 – 30-7009

		MSRP	LN	Cond/$
30-6905	PRR 2-car 60' Madison Combine/Diner set, 00	89	CP	___1
30-6906	PRR 60' Madison Coach Car, 00	45	CP	___1
30-6907	Santa Fe 4-car 60' Madison Passenger set, 00	179	CP	___1
30-6908	Santa Fe 2-car 60' Madison Combine/Diner set, 00	89	CP	___1
30-6909	Santa Fe 60' Madison Coach Car, 00	45	CP	___1
30-6910	WP 4-car 60' Madison Pass. set, 01	179	CP	___1
30-6911	WP 2-car 60' Madison Combine/Diner set, 01	89	CP	___1
30-6912	WP 60' Madison Coach Car, 01	45	CP	___1
30-6913	NYC 4-car 60' Madison Passenger set, 01	199	CP	___1
30-6914	NYC 2-car 60' Madison Combine/Diner set, 01	99	CP	___1
30-6915	NYC 60' Madison Coach Car, 01	49	CP	___1
30-6916	T&P 4-car 60' Madison Passenger set, 01	199	CP	___1
30-6917	T&P 2-car 60' Madison Combine/Diner set, 01	99	CP	___1
30-6918	T&P 60' Madison Coach Car Pass. set, 01	49	CP	___1
30-6919	B&O 4-car 60' Madison Passenger set, 01	199	CP	___1
30-6920	B&O 2-car 60' Madison Combine/Diner set, 01	99	CP	___1
30-6921	B&O 60' Madison Coach Car Passenger set, 01	49	CP	___1
30-6922	Chicago & Alton 4-car 60' Madison Passenger set, 01	199	CP	___1
30-6923	Chicago & Alton 2-car 60' Madison Combine/Diner set, 01	99	CP	___1
30-6924	Chicago & Alton 60' Madison Coach Car Passenger set, 01	49	CP	___1
30-7001	Wabash 6-car Freight set, 99	199	170	___1
30-7002	Southern 6-car Freight set, 99	199	185	___1
30-7003	CNJ 6-car Freight set, 99	199	185	___1
30-7004	6-car Freight set, 99	199	190	___1
30-7005	UP 6-car Freight Boxed set, 99	199	190	___1
30-7006	GN 6-car Freight Boxed set, 99	199	175	___1
30-7007	PRR 6-car Freight set, 99–00	199	150	___1
30-7007A	PRR Flatcar w/ Bulkheads, 00	—	CP	___1
30-7007B	PRR Stock Car, 00	—	CP	___1
30-7007C	PRR Gondola, 00	—	CP	___1
30-7007D	PRR Auto Carrier Flatcar, 00	—	CP	___1
30-7007E	PRR Tank Car, 00	—	CP	___1
30-7007F	PRR N5c Caboose, 00	—	CP	___1
30-7008	L&N 6-car Freight set, 99–00	199	CP	___1
30-7008A	L&N Flatcar, 00	—	CP	___1
30-7008B	L&N 3-D Tank Car, 00	—	CP	___1
30-7008C	L&N Rounded Roof Boxcar, 00	—	CP	___1
30-7008D	L&N Crane Car, 00	—	CP	___1
30-7008E	L&N Gondola, 00	—	CP	___1
30-7008F	L&N Steel Caboose, 00	—	CP	___1
30-7009	CP Rail 6-car Freight set, 99–00	199	290	___1

RAILKING • 30-7009A – 30-7016C　　　　　　　MSRP　LN　Cond/$

30-7009A	CP Bunk Car, *00*	—	CP	__1
30-7009B	CP O27 Madison Diner Car, *00*	—	CP	__1
30-7009C	CP Crane Car, *00*	—	CP	__1
30-7009D	CP Flatcar, *00*	—	CP	__1
30-7009E	CP Gondola, *00*	—	CP	__1
30-7009F	CP Steel Caboose, *00*	—	CP	__1
30-7010	B&O 6-car Freight set, *99–00*	199	CP	__1
30-7010A	B&O Boxcar, *00*	—	CP	__1
30-7010B	B&O Tank Car, *00*	—	CP	__1
30-7010C	B&O Searchlight Car, *00*	—	CP	__1
30-7010D	B&O Hopper, *00*	—	CP	__1
30-7010E	B&O Flatcar, *00*	—	CP	__1
30-7010F	B&O Wood-sided Caboose, *00*	—	CP	__1
30-7011	Conrail 6-car Freight set, *00*	199	155	__1
30-7011A	Conrail Boxcar, *00*	—	CP	__1
30-7011B	Conrail 3-D Tank Car, *00*	—	CP	__1
30-7011C	Conrail Gondola, *00*	—	CP	__1
30-7011D	Conrail Searchlight Car, *00*	—	CP	__1
30-7011E	Conrail Hopper, *00*	—	CP	__1
30-7011F	Conrail Bay Window Caboose, *00*	—	CP	__1
30-7012	EMD 6-car Freight set, *00*	199	155	__1
30-7012A	EMD Boxcar, *00*	—	CP	__1
30-7012B	EMD Hopper, *00*	—	CP	__1
30-7012C	EMD Flatcar, *00*	—	CP	__1
30-7012D	EMD Auto Carrier Flatcar, *00*	—	CP	__1
30-7012E	EMD Depressed Center Flatcar, *00*	—	CP	__1
30-7012F	EMD Steel Caboose, *00*	—	CP	__1
30-7013	New Haven 6-car Freight set, *00*	199	155	__1
30-7013A	New Haven 50' Modern Boxcar, *00*	—	CP	__1
30-7013B	New Haven Hopper, *00*	—	CP	__1
30-7013C	New Haven Flatcar, *00*	—	CP	__1
30-7013D	New Haven Depressed Center Flatcar, *00*	—	CP	__1
30-7013E	New Haven Gondola, *00*	—	CP	__1
30-7013F	New Haven Steel Caboose, *00*	—	CP	__1
30-7014	NYC 6-car Freight set, *00*	199	155	__1
30-7014A	NYC Boxcar, *00*	—	CP	__1
30-7014B	NYC Flatcar, *00*	—	CP	__1
30-7014C	NYC 3-D Tank Car, *00*	—	CP	__1
30-7014D	NYC Stock Car, *00*	—	CP	__1
30-7014E	NYC Hopper, *00*	—	CP	__1
30-7014F	NYC Bay Window Caboose, *00*	—	CP	__1
30-7015	NYO&W 6-car Freight set, *00*	199	175	__1
30-7015A	NYO&W Boxcar, *00*	—	CP	__1
30-7015B	NYO&W Hopper, *00*	—	CP	__1
30-7015C	NYO&W 2-bay Offset Hopper, *00*	—	CP	__1
30-7015D	NYO&W Gondola, *00*	—	CP	__1
30-7015E	NYO&W Tank Car, *00*	—	CP	__1
30-7015F	NYO&W Wood-sided Caboose, *00*	—	CP	__1
30-7016	PRR 6-car Freight set, *00*	199	155	__1
30-7016A	PRR 50' Modern Boxcar, *00*	—	CP	__1
30-7016B	PRR Hopper, *00*	—	CP	__1
30-7016C	PRR 3-D Tank Car, *00*	—	CP	__1

RAILKING • 30-7016D – 30-7218

		MSRP	LN Cond/$
30-7016D	PRR Flatcar, *00*	—	CP ____ [1]
30-7016F	PRR Wood-sided Caboose, *00*	—	CP ____ [1]
30-7017	Reading 6-car Freight set, *00*	199	155 ____ [1]
30-7017A	Reading Boxcar, *00*	—	CP ____ [1]
30-7017B	Reading Gondola, *00*	—	CP ____ [1]
30-7017C	Reading Flatcar, *00*	—	CP ____ [1]
30-7017D	Reading Tank Car, *00*	—	CP ____ [1]
30-7017E	Reading Hopper, *00*	—	CP ____ [1]
30-7017F	Reading Steel Caboose, *00*	—	CP ____ [1]
30-7018	Virginian 6-car Freight set, *00*	199	155 ____ [1]
30-7018A	Virginian Boxcar, *00*	—	CP ____ [1]
30-7018B	Virginian Flatcar, *00*	—	CP ____ [1]
30-7018C	Virginian Searchlight Car, *00*	—	CP ____ [1]
30-7018D	Virginian Crane Car, *00*	—	CP ____ [1]
30-7018E	Virginian Crane Tender Car, *00*	—	CP ____ [1]
30-7018F	Virginian Wood-sided Caboose, *00*	—	CP ____ [1]
30-7019	Christmas 3-car Freight set, *01*	79	CP ____ [1]
30-7100	PRR Stock Car, *95*	28	28 ____ [1]
30-7101	NYC Stock Car, *95*	28	32 ____ [1]
30-7102	UP Stock Car, *95*	28	27 ____ [1]
30-7103	AT&SF Stock Car, *96*	27	25 ____ [1]
30-7104	ACL Stock Car, *95*	27	27 ____ [1]
30-7105	UP Stock Car, *96*	27	26 ____ [1]
30-7106	Nickel Plate Stock Car, *96*	27	21 ____ [1]
30-7107	UP Stock Car, *96*	27	25 ____ [1]
30-7108	AT&SF Stock Car, *96*	28	25 ____ [1]
30-7109	C&NW Stock Car, *96*	27	27 ____ [1]
30-7110	D&RGW Stock Car, *97*	32	32 ____ [1]
30-7111	Erie Stock Car, *97*	32	23 ____ [1]
30-7112	NYC Stock Car, *98*	32	30 ____ [1]
30-7113	C&O Stock Car, *98*	32	33 ____ [1]
30-7114	W&A Stock Car, 19th Century, *99*	32	27 ____ [1]
30-7115	Erie-Lackawanna Stock Car, *00*	32	30 ____ [1]
30-7200	PRR Gondola, *95*	25	55 ____ [1]
30-7201	NYC Gondola, *95*	26	23 ____ [1]
30-7202	UP Gondola, *95*	26	26 ____ [1]
30-7203	AT&SF Gondola, *95*	25	25 ____ [1]
30-7204	Milwaukee Road Gondola w/ Crates, *95*	26	30 ____ [1]
30-7205	C&NW Gondola w/ Crates, *96*	26	27 ____ [1]
30-7206	N&W Gondola w/ Crates, *96*	26	26 ____ [1]
30-7207	Conrail Gondola w/ Crates, *96*	26	25 ____ [1]
30-7208	UP Gondola w/ Crates, *97*	29	27 ____ [1]
30-7209	PRR Gondola w/ Crates, *97*	29	22 ____ [1]
30-7210	NP Gondola w/ Crates, *97*	30	30 ____ [1]
30-7211	Chessie Gondola w/ Crates, *97*	30	30 ____ [1]
30-7212	PRR Gondola w/ Crates, *97–99*	30	30 ____ [1]
30-7213	B&O Gondola, *98*	30	26 ____ [1]
30-7214	C&O Gondola, *98*	30	34 ____ [1]
30-7215	Nickel Plate Gondola, *99*	29	27 ____ [1]
30-7216	W.A.R.R. Gondola, 19th Century, *99–00*	29	27 ____ [1]
30-7217	NYC Heavy Duty Snow Plow, *00*	39	CP ____ [1]
30-7218	PRR Heavy Duty Snow Plow, *00*	39	CP ____ [1]

RAILKING • 30-7219 – 30-7405   MSRP   LN Cond/$

		MSRP	LN Cond/$
30-7219	NYC Gondola, 00	29	27 ___ [1]
30-7222	D&RG Gondola Car w/ Cover, 01	32	30 ___ [1]
30-7300	PRR Tank Car, 95	27	31 ___ [1]
30-7301	NYC Tank Car, 95	28	26 ___ [1]
30-7302	UP Tank Car, 95	27	30 ___ [1]
30-7303	AT&SF Tank Car, 95	28	28 ___ [1]
30-7304	B&O Tank Car, 95	28	28 ___ [1]
30-7305	Conrail Tank Car, 96	28	28 ___ [1]
30-7306	AT&SF Tank Car, 96	27	31 ___ [1]
30-7307	C&NW Tank Car, 96	27	30 ___ [1]
30-7308	C&O Tank Car, 97	30	30 ___ [1]
30-7309	UP Tank Car, 97	29	30 ___ [1]
30-7310	NYC Tank Car, 97	32	30 ___ [1]
30-7311	Sinclair Tank Car, 97	32	55 ___ [2]
30-7312	NS Tank Car, 97	32	30 ___ [1]
30-7314	Esso Tank Car, 98	33	44 ___ [1]
30-7315	D&RGW Tank Car, 98	32	30 ___ [1]
30-7316	Texaco Tank Car, 99	32	46 ___ [1]
30-7317	PRR Tank Car, 99	32	31 ___ [1]
30-7318	UP 3-D Tank Car, 99	32	40 ___ [1]
30-7319	PRR 3-D Tank Car, 99	32	25 ___ [1]
30-7320	W.A.R.R. 19th Century Wooden Tank Car, 99	32	30 ___ [1]
30-7321	Conrail 3-D Tank Car, 99–00	32	30 ___ [1]
30-7322	NYC Modern Tank Car, 99–00	39	37 ___ [1]
30-7323	Santa Fe Modern Tank Car, 99–00	39	37 ___ [1]
30-7324	Baker's Chocolate Tank Car, 99–00	32	30 ___ [1]
30-7325	Corn Industrial Tank Car, 99–00	32	30 ___ [1]
30-7326	GN 3-D Tank Car, 99–00	32	30 ___ [1]
30-7327	McDonald's Tank Car, 00	32	30 ___ [1]
30-7328	Timken Tank Car, 00	32	30 ___ [1]
30-7329	ACL Tank Car, 00	32	30 ___ [1]
30-7330	Breyer's Milk Tank Car, 00	32	30 ___ [1]
30-7331	B&M Tank Car, 00	32	30 ___ [1]
30-7332	NYC 3-D Tank Car, 00	32	30 ___ [1]
30-7333	P&WV 3-D Tank Car, 01	32	CP ___ [1]
30-7334	L&N 3-D Tank Car, 01	32	CP ___ [1]
30-7335	EL 3-D Tank Car, 01	32	CP ___ [1]
30-7336	McDonalds Modern Tank Car, 01	34	CP ___ [1]
30-7337	Caterpillar Modern Tank Car, 01	34	CP ___ [1]
30-7338	CSX Modern Tank Car, 01	32	CP ___ [1]
30-7339	McDonald's 33K-gallon Tank Car, 01	39	CP ___ [1]
30-7340	Suburban Propane 33K-gallon Tank Car, 01	34	CP ___ [1]
30-7341	Alaska Tank Car, 01	32	CP ___ [1]
30-7342	Hooker Tank Car, 01	32	CP ___ [1]
30-7343	Penn Central 3-D Tank Car, 01	32	CP ___ [1]
30-7400	PRR Boxcar, 95	27	20 ___ [1]
30-7401	NYC Boxcar, 95	27	46 ___ [1]
30-7402	UP Boxcar, 95	27	28 ___ [1]
30-7403	AT&SF Boxcar, 95	28	28 ___ [1]
30-7404	IC Boxcar, 95	27	21 ___ [1]
30-7405	UP Boxcar, 96	27	25 ___ [1]

RAILKING • 30-7406 – 30-7466   MSRP   LN   Cond/$

30-7406	AT&SF Boxcar, *96*	28	27 ___[1]
30-7407	NYC Boxcar, *96*	27	26 ___[1]
30-7408	PRR Boxcar, *96*	27	29 ___[1]
30-7409	RailBox Boxcar, *96*	27	25 ___[1]
30-7410	1996 Christmas Boxcar, *96*	29	34 ___[1]
30-7411	C&O Boxcar, *97*	29	25 ___[1]
30-7412	UP Boxcar, *97*	29	25 ___[1]
30-7413	T&P Boxcar, *97*	32	29 ___[1]
30-7414	NYC Boxcar, *97*	32	29 ___[1]
30-7416	Boxcar, *97*	32	34 ___[1]
30-7417	Chessie Boxcar, *97*	33	27 ___[1]
30-7418	PRR Rounded Roof Boxcar, *98*	33	29 ___[1]
30-7419	GN Rounded Roof Boxcar, *98*	32	33 ___[1]
30-7420	UP Boxcar, *98*	32	35 ___[1]
30-7421	Amtrak Boxcar, *98*	32	37 ___[1]
30-7422	Arrow Stapler Boxcar, *98*	33	28 ___[1]
30-7423	MTH Boxcar, *98*	32	70 ___[1]
30-7425	Big Mo Boxcar, *98*		NRS ___
30-7426	Boxcar, *98*	32	35 ___[1]
30-7427	ACL Boxcar, *99*	32	29 ___[1]
30-7428	Erie-Lackawanna Boxcar, *99*	32	27 ___[1]
30-7429	B&O Rounded Roof Boxcar, *99*	32	27 ___[1]
30-7430	UP Rounded Roof Boxcar, *99*	32	41 ___[1]
30-7431	AT&SF Boxcar, *99*	32	27 ___[1]
30-7434	1999 Christmas Car, *99*	32	36 ___[1]
30-7437	Pennsylvania Boxcar, *99*	32	29 ___[1]
30-7438	Reading Boxcar, *99*	32	30 ___[1]
30-7439	W.A.R.R. 34' 19th Century Boxcar, *99–00*	39	35 ___[1]
30-7440	NYC Boxcar, *99–00*	32	30 ___[1]
30-7441	WP Boxcar, *99–00*	32	30 ___[1]
30-7442	LV 50' Modern Boxcar, *99–00*	34	30 ___[1]
30-7443	UP 50' Modern Boxcar, *99–00*	34	30 ___[1]
30-7444	WP Boxcar, *99–00*	32	30 ___[1]
30-7445	B&O Boxcar, *99–00*	32	30 ___[1]
30-7446	PRR Millennium Boxcar, *99–00*	79	90 ___[1]
30-7447	NYC Rounded Roof Boxcar, *00*	32	25 ___[1]
30-7448	PRR 50' Modern Boxcar, *00*	34	25 ___[1]
30-7449	SCL Rounded Roof Boxcar, *00*	32	25 ___[1]
30-7450	BAR Boxcar, *00*	34	25 ___[1]
30-7452	PRR 50' DD Plugged Boxcar, *00*	34	CP ___[1]
30-7453	Conrail 50' DD Plugged Boxcar, *00*	34	CP ___[1]
30-7454	Christmas Boxcar, *00*	34	CP ___[1]
30-7455	GN 40' DD Boxcar, *00*	32	CP ___[1]
30-7456	BN 40' DD Boxcar, *00*	32	CP ___[1]
30-7458	ACL Boxcar, *00*	32	30 ___[1]
30-7459	PRR Boxcar, *00*	32	30 ___[1]
30-7461	WP Boxcar, *01*	32	CP ___[1]
30-7462	P&WV Boxcar, *01*	32	CP ___[1]
30-7463	NYC 50' DD Plugged Boxcar, *01*	34	CP ___[1]
30-7464	AT&SF 50' DD Plugged Boxcar, *01*	34	CP ___[1]
30-7465	PRR Operating Boxcar w/ Signal Man, *01*	49	CP ___[1]
30-7466	UP Operating Boxcar w/ Signal Man, *01*	49	CP ___[1]

RAILKING • 30-7467 – 30-7542   MSRP   LN   Cond/$

30-7467	State of Maine Boxcar, *01*	32	CP	___ 1
30-7468	Alaska Boxcar, *01*	32	CP	___ 1
30-7469	UP 50' DD Plugged Boxcar, *01*	34	CP	___ 1
30-7470	N&W 50' DD Plugged Boxcar, *01*	34	CP	___ 1
30-7471	AT&SF Rounded Roof Boxcar, *01*	32	CP	___ 1
30-7472	Penn Central Rounded Roof Boxcar, *01*	32	CP	___ 1
30-7473	State of Maine Boxcar, *01*	32	CP	___ 1
30-7475	New Haven Boxcar, *01*	32	CP	___ 1
30-7476	NYC Boxcar, *01*	32	CP	___ 1
30-7477	Timken Boxcar, *01*	32	CP	___ 1
30-7500	PRR Hopper, *95*	27	39	___ 1
30-7501	NYC Hopper, *95*	27	29	___ 1
30-7502	UP Hopper, *95*	28	28	___ 1
30-7503	AT&SF Hopper, *95*	27	60	___ 1
30-7504	CB&Q Hopper, *95*	27	26	___ 1
30-7505	Nickel Plate Hopper, *96*	27	21	___ 1
30-7506	N&W Hopper, *96*	27	28	___ 1
30-7507	C&O Hopper, *96*	28	25	___ 1
30-7508	PRR Hopper, *97*	29	21	___ 1
30-7509	UP Hopper, *97*	29	27	___ 1
30-7510	NS Hopper, *97*	33	33	___ 1
30-7511	C&NW Hopper, *97*	32	32	___ 1
30-7512	NP Hopper, *97*	32	30	___ 1
30-7513	NYC Hopper, *97*	32	29	___ 1
30-7514	Chessie Hopper, *97*	32	29	___ 1
30-7515	N&W Hopper, *98*	33	33	___ 1
30-7516	WM Hopper, *98*	33	28	___ 1
30-7517	NYC Hopper, *98*	33	38	___ 1
30-7518	B&O Ore Car, *98*	29	22	___ 1
30-7519	C&NW Ore Car, *98*	29	26	___ 1
30-7520	C&O 4-bay Hopper 6-car set, *99*	179	145	___ 1
30-7521	UP 4-bay Hopper 6-car set, *99*	179	155	___ 1
30-7522	PRR Ore Car, *99*	32	25	___ 1
30-7523	Erie-Lackawanna Hopper, *99*	32	30	___ 1
30-7524	Southern Hopper, *99*	32	30	___ 1
30-7525	N&W Operating Hopper w/ Coal Load, *99*	32	30	___ 1
30-7527	Union Pacific Ore Car, *99*	32	26	___ 1
30-7528	CNJ Ore Car, *99–00*	32	CP	___ 1
30-7529	GN Ore Car, *99–00*	32	CP	___ 1
30-7530	PRR 6-car 4-bay Hopper set, *99–00*	199	CP	___ 1
30-7531	NP 6-car 4-bay Hopper set, *99–00*	199	155	___ 1
30-7532	UP Airslide Hopper, *99–00*	34	30	___ 1
30-7533	Seaboard Airslide Hopper, *99–00*	34	30	___ 1
30-7534	Conrail Ps-2 Discharge Hopper, *00*	34	28	___ 1
30-7535	N&W 4-bay Hopper 6-car set, *00*	199	155	___ 1
30-7536	N&W 4-bay Hopper 6-car set, *00*	199	155	___ 1
30-7537	PRR Ps-2 Discharge Hopper, *00*	34	28	___ 1
30-7538	UP 3-bay Hopper w/ Operating Coal Load, *00*	39	CP	___ 1
30-7540	CSX 4-bay Cylindrical Hopper Car, *01*	32	CP	___ 1
30-7541	CNW 4-bay Cylindrical Hopper Car, *01*	32	CP	___ 1
30-7542	AT&SF Airslide Hopper Car, *01*	34	CP	___ 1

RAILKING • 30-7543 – 30-7623

		MSRP	LN Cond/$
30-7543	NYC Airslide Hopper Car, *01*	34	CP ____[1]
30-7544	Virginian Hopper Car, *01*	32	CP ____[1]
30-7545	L&N Hopper Car, *01*	32	CP ____[1]
30-7546	EL Hopper Car, *01*	32	CP ____[1]
30-7550	PRR Hopper Car w/ Operating Coal Load, *01*	44	CP ____[1]
30-7551	Virginian Hopper Car w/ Operating Coal Load, *01*	44	CP ____[1]
30-7553	PRR 4-bay Hopper 6-car set, *01*	199	CP ____[1]
30-7555	B&O Ps-2 Discharge Hopper Car, *01*	34	CP ____[1]
30-7556	ACL Ps-2 Discharge Hopper Car, *01*	34	CP ____[1]
30-7557	AT&SF 4-bay Cylindrical Hopper Car, *01*	32	CP ____[1]
30-7558	Canadian Pacific 4-bay Cylindrical Hopper Car, *01*	32	CP ____[1]
30-7559	Penn Central Ps-2 Discharge Hopper Car, *01*	34	CP ____[1]
30-7560	UP Ore Car, *01*	32	CP ____[1]
30-7561	D&RG Ore Car, *01*	32	CP ____[1]
30-7577	PRR Hopper Car, *01*	32	CP ____[1]
30-7600	PRR Flatcar, *95*	23	25 ____[1]
30-7601	NYC Flatcar, *95*	23	21 ____[1]
30-7602	UP Flatcar, *95*	23	26 ____[1]
30-7603	AT&SF Flatcar, *95*	22	27 ____[1]
30-7604	TTUX Flatcar, *95*	23	30 ____[1]
30-7605	Nickel Plate Flatcar, *96*	22	27 ____[1]
30-7606	MTH Flatcar w/ Ertl Backhoe, *96*	27	43 ____[1]
30-7607	MTH Flatcar w/ 2 blue/white 1952 Cadillacs, *96*	27	250 ____[2]
30-7608	NYC Flatcar, *97*	32	29 ____[1]
30-7609	NS Flatcar, *97*	32	30 ____[1]
30-7610	MTH Flatcar w/ 2 red/white '57 Chevrolets, *97*	32	75 ____[3]
30-7611	MTH Depressed Center Flatcar w/ blue Tractor, *97*	32	34 ____[1]
30-7612	MTH Depressed Center Flatcar w/ Transformer, *99*	32	30 ____[1]
30-7613	MTH Flatcar w/ 2 green/cream '57 Thunderbirds, *97*	32	75 ____[2]
30-7614	MTH Flatcar w/ Ertl Dump Truck, *97*	32	33 ____[1]
30-7615	MTH Flatcar w/ 2 green Tow Trucks, *98*	36	42 ____[1]
30-7615X	Sinclair Flatcar, *98*	37	37 ____[1]
30-7616	MTH Flatcar w/ Ertl Earth Mover, *98–99*	32	38 ____[1]
30-7617	MTH Flatcar, *98*	36	46 ____[3]
30-7618	MTH Depressed Center Flatcar, *98*	32	29 ____[1]
30-7619	MTH Flatcar w/ Ertl Front-end Loader, *97–99*	32	29 ____[1]
30-7620	MTH Flatcar w/ Ertl Road Grader, *98*	32	36 ____[1]
30-7621	MTH Flatcar w/ red/white Airplane, *98*	36	31 ____[2]
30-7622	MTH Depressed Center Flatcar w/ Tractor, *98–99*	59	55 ____[1]
30-7623	MTH Flatcar w/ 2 Ertl Fire Cars, *98*	36	50 ____[3]

RAILKING • 30-7624 – 30-7680   MSRP   LN   Cond/$

Cat. No.	Description	MSRP	LN	Cond/$
30-7624	MTH Flatcar w/ 2 red/white 1964 Corvettes, 98	36	48	3
30-7625	MTH Flatcar w/ 2 Ertl 1959 Checker Cabs, 98	36	46	2
30-7626	PRR Flatcar w/ Trailer, 98	32	35	1
30-7627	FEC Flatcar w/ Trailer, 98	32	39	1
30-7628	MTH Auto Carrier Flatcar, 98	55	75	5
30-7629	MTH Flatcar w/ Ertl Fire Locomotive, 98–00	32	49	2
30-7632	UP Flatcar, 99	32	28	1
30-7633	B&O Flatcar, 99	32	30	1
30-7634	MTH Flatcar w/ 2 Blue 1969 Chevrolet Camaros, 99	36	38	2
30-7635	W&A Flatcar, 19th Century, 99	32	30	1
30-7636	SP Flatcar w/ Bulkheads, 99	29	25	1
30-7637	Erie-Lackawanna Flatcar w/ Bulkheads, 99	29	25	1
30-7638	MTH Auto Carrier Flatcar, 99	39	65	2
30-7639	MTH Flatcar w/ 2 1968 Pontiac GTOs, 99	39	38	2
30-7640	Union 76 Flatcar, 99	39	34	1
30-7642	MTH Flatcar w/ 2 Ertl 1965 Union 76 Wreckers, 99	39	42	1
30-7643	Hanjin Husky-Stack Car, 99	39	28	1
30-7644	AT&SF Husky-Stack Car, 99	39	28	1
30-7647	MTH Auto Flatcar w/ Ertl 1950 Panel Trucks, 99	39	34	1
30-7648	WM Operating Flatcar w/ Logs, 99	39	35	
30-7649	NP Operating Flatcar w/ Logs, 99	39	35	
30-7656	MTH Auto Carrier Flatcar w/ Ertl 57 Chevys, 99	39	75	2
30-7658	MTH Transport w/ Operating Helicopter, 99	59	55	
30-7660	MTH Auto Transportation Flatcar w/ 1965 Ford Cobra, 99–00	39	35	1
30-7661	MTH Auto Transportation Flatcar w/ 1970 Nova, 99–00	39	46	1
30-7662	MTH Auto Transportation Flatcar w/ 1940 Woody Wagon, 99–00	39	70	1
30-7664	Santa Fe Flatcar, 99–00	29	25	1
30-7665	PRR Flatcar, 99–00	29	25	1
30-7666	MTH Auto Transport Flatcar w/ 1967 Camaro SS and 1967 Shelby, 99–00	59	70	1
30-7668	MTH Flatcar, 00	32	27	1
30-7669	MTH Flatcar, 00	32	27	1
30-7670	MTH Flatcar, 00	39	40	1
30-7671	MTH Flatcar, 00	39	40	1
30-7672	MTH Flatcar, 00	39	30	1
30-7673	Caterpillar Flatcar w/ Grinder, 00	42	60	1
30-7676	MTH Transport Auto Carrier Flatcar, 00	59	65	1
30-7677	19th Century Log Car, unlettered, 00	34	CP	1
30-7678	Speedway Flatcar w/ 40' Trailer, 00	34	30	1
30-7679	Santa Fe Flatcar w/ 40' Trailer, 00	34	30	1
30-7680	MTH Transport Flatcar w/ 2 1970 Chevelles, 00	39	49	1

RAILKING • 30-7681 – 30-7728   MSRP   LN   Cond/$

		MSRP	LN Cond/$
30-7681	MTH Transport Flatcar w/ 1951 Panel Vans, *00*	39	35 ____[1]
30-7682	NYC Auto Carrier Flatcar, *00*	59	55 ____[1]
30-7683	Erie-Lackawanna Flatcar w/ Trailer, *00*	34	30 ____[1]
30-7684	B&M Flatcar w/ Trailer, *00*	34	30 ____[1]
30-7685	CP Center I-Beam Flatcar, *00*	39	35 ____[1]
30-7686	UP Center I-Beam Flatcar, *00*	39	35 ____[1]
30-7687	PRR Flatcar w/ Wheel set, *01*	34	CP ____[1]
30-7688	L&N Flatcar w/ Wheel set, *01*	34	CP ____[1]
30-7689	CNW Husky-Stack Car, *01*	39	CP ____[1]
30-7690	SP Husky-Stack Car, *01*	39	CP ____[1]
30-7691	McDonalds Husky-Stack Car, *01*	42	CP ____[1]
30-7692	MTH Auto Transportation Flatcar w/ Ertl Torino, *01*	39	CP ____[1]
30-7693	MTH Auto Transportation Flatcar w/ Ertl Cutlass, *01*	39	CP ____[1]
30-7694	MTH Auto Transportation Auto Carrier Flatcar w/ Chevy Nova, *01*	59	CP ____[1]
30-7695	TV4 Flatcar w/ Operating Helicopter, *01*	59	CP ____[1]
30-7696	McDonald's Flatcar w/ Trailer, *01*	39	CP ____[1]
30-7697	Caterpillar Flatcar w/ Trailer, *01*	39	CP ____[1]
30-7698	Caterpillar Flatcar w/ Billboard, *01*	39	CP ____[1]
30-7699	MTH Flatcar w/ Billboard, *01*	32	CP ____[1]
30-7700	PRR Wood-sided Caboose, *97*	34	36 ____[1]
30-7701	NYC Wood-sided Caboose, *95*	34	38 ____[1]
30-7702	UP Wood-sided Caboose, *95*	34	30 ____[1]
30-7703	AT&SF Wood-sided Caboose, *95*	34	35 ____[1]
30-7704	N&W Wood-sided Caboose, *95*	34	43 ____[1]
30-7705	Nickel Plate Wood-sided Caboose, *96*	34	36 ____[1]
30-7706	Erie Wood-sided Caboose, *96*	35	35 ____[1]
30-7707	C&NW Wood-sided Caboose, *96*	34	34 ____[1]
30-7708	Conrail Wood-sided Caboose, *96*	34	30 ____[1]
30-7709	C&O Wood-sided Caboose, *97*	34	35 ____[1]
30-7710	UP Wood-sided Caboose, *97*	34	30 ____[1]
30-7711	NS Bay Window Caboose, *97*	39	34 ____[1]
30-7712	NYC Bay Window Caboose, *97*	39	37 ____[1]
30-7713	Chessie Bay Window Caboose, *97*	39	30 ____[1]
30-7714	T&P Wood-sided Caboose, *97*	39	32 ____[1]
30-7715	PRR Wood-sided Caboose, *97*	39	28 ____[1]
30-7716	AT&SF Bay Window Caboose, *98*	39	55 ____[1]
30-7717	Conrail Bay Window Caboose, *98*	39	41 ____[1]
30-7718	BNSF Bay Window Caboose, *98*	40	38 ____[1]
30-7719	FM Bay Window Caboose, *98*	39	35 ____[1]
30-7720	AT&SF Wood-sided Caboose, *98*	39	30 ____[1]
30-7721	NYC Wood-sided Caboose, *98*	40	40 ____[1]
30-7722	PRR Wood-sided Caboose, *99*	39	30 ____[1]
30-7723	B&O Wood-sided Caboose, *99*	39	32 ____[1]
30-7724	W&A Wood-sided Caboose, 19th Century, *99*	39	35 ____[1]
30-7725	NP Work Caboose, *99*	39	26 ____[1]
30-7726	NYC Work Caboose, *99*	39	31 ____[1]
30-7727	C&NW Steel Caboose, *99*	39	55 ____[1]
30-7728	B&O Bobber Caboose, *99–00*	39	CP ____[1]

RAILKING • 30-7729 – 30-7827

		MSRP	LN Cond/$
30-7729	UP Bobber Caboose, *99–00*	39	CP ____ [1]
30-7730	PRR N5c Caboose, *99–00*	39	36 ____ [1]
30-7731	WP Steel-sided Caboose, *99–00*	39	CP ____ [1]
30-7732	WM Steel-sided Caboose, *99–00*	39	CP ____ [1]
30-7733	Reading Steel-sided Caboose, *99–00*	39	CP ____ [1]
30-7734	C&NW Steel Caboose, *00*	39	30 ____ [1]
30-7735	NASA Bay Window Caboose, *00*	39	32 ____ [1]
30-7736	N&W Wood-sided Caboose, *00*	39	30 ____ [1]
30-7737	SP Steel Caboose, *00*	39	30 ____ [1]
30-7738	Chessie Bay Window Caboose, *00*	39	CP ____ [1]
30-7739	NYC Bay Window Caboose, *00*	39	CP ____ [1]
30-7740	B&M Steel Caboose, *00*	39	CP ____ [1]
30-7741	EL B/W Caboose, *01*	39	CP ____ [1]
30-7742	WP B/W Caboose, *01*	39	CP ____ [1]
30-7744	L&N Offset Steel Caboose, *01*	39	CP ____ [1]
30-7745	Virginian Offset Steel Caboose, *01*	39	CP ____ [1]
30-7746	Lackawanna Offset Steel Caboose, *01*	39	CP ____ [1]
30-7747	P&WV Offset Steel Caboose, *01*	39	CP ____ [1]
30-7748	DM&IR Offset Steel Caboose, *01*	39	CP ____ [1]
30-7749	UP B/W Caboose, *01*	39	CP ____ [1]
30-7750	B&O B/W Caboose, *01*	49	CP ____ [1]
30-7751	Penn Central Steel Caboose, *01*	49	CP ____ [1]
30-7752	Alaska Steel Caboose, *01*	49	CP ____ [1]
30-7753	D&RG Steel Caboose, *01*	49	CP ____ [1]
30-7800	PRR Reefer, *95*	27	20 ____ [1]
30-7801	NYC Reefer, *95*	28	30 ____ [1]
30-7802	PFE Reefer, *95*	28	28 ____ [1]
30-7803	AT&SF Reefer, *95*	27	25 ____ [1]
30-7804	REA Reefer, *95*	28	28 ____ [1]
30-7805	1995 Christmas Reefer, *95*	—	250 ____ [1]
30-7806	Burlington Reefer, *96*	28	28 ____ [1]
30-7807	PFE Reefer, *96*	27	29 ____ [1]
30-7808	AT&SF Reefer, *96*	27	32 ____ [1]
30-7809	PRR Reefer, *96*	27	38 ____ [1]
30-7810	REA Reefer, *96*	27	40 ____ [1]
30-7811	Amtrak Reefer, *97*	32	30 ____ [1]
30-7812	FEC Reefer, *97*	32	31 ____ [1]
30-7813	UP Reefer, *98*	32	28 ____ [1]
30-7814	AT&SF Reefer, *98*	32	30 ____ [1]
30-7815	Needham Packing Refrigerator Car, *00*	32	25 ____ [1]
30-7816	Pepper Packing Refrigerator Car, *00*	32	25 ____ [1]
30-7817	Hood's Refrigerator Car, *00*	32	30 ____ [1]
30-7818	Armour Refrigerator Car, *00*	32	30 ____ [1]
30-7819	PRR Modern Reefer, *01*	32	CP ____ [1]
30-7820	Breyer's Milk Modern Reefer, *01*	32	CP ____ [1]
30-7821	Red Rose Ice Cream Modern Reefer, *01*	32	CP ____ [1]
30-7822	Wilson & Company Reefer, *01*	32	CP ____ [1]
30-7823	Parrot Potatoes Reefer, *01*	32	CP ____ [1]
30-7824	Berghoff Beer Reefer, *01*	32	CP ____ [1]
30-7825	Alaska Modern Reefer, *01*	32	CP ____ [1]
30-7826	Canadian Pacific Modern Reefer, *01*	32	CP ____ [1]
30-7827	MILW Modern Reefer, *01*	32	CP ____ [1]

RAILKING • 30-7900 – 30-7951   MSRP   LN   Cond/$

Item	Description	MSRP	LN
30-7900	ACL Stock Car w/ ProtoFreight, *96*	85	85 [1]
30-7901	UP Stock Car w/ ProtoFreight, *96*	85	85 [1]
30-7902	IC Boxcar w/ ProtoFreight, *96*	85	85 [1]
30-7903	NYC Boxcar w/ ProtoFreight, *96*	85	85 [1]
30-7904	NYC Stock Car w/ ProtoFreight, *96*	85	85 [1]
30-7905	AT&SF Stock Car w/ ProtoFreight, *96*	85	85 [1]
30-7906	PRR Boxcar w/ ProtoFreight, *96*	85	85 [1]
30-7907	UP Boxcar w/ ProtoFreight, *96*	85	85 [1]
30-7908	AT&SF Boxcar w/ ProtoFreight, *96*	85	85 [1]
30-7909	NYC Boxcar w/ ProtoFreight, *96*	85	85 [1]
30-7910	PRR Crane Car, *97*	49	43 [1]
30-7911	NYC Crane Car, *97*	49	65 [1]
30-7912	NYC Crane Tender Car, *96*	39	31 [1]
30-7913	NP Crane Tender Car, *96*	39	46 [1]
30-7914	NYC Searchlight Car, *96*	39	30 [1]
30-7915	UP Searchlight Car, *98*	39	40 [1]
30-7916	Chessie Crane Car, *98*	49	38 [1]
30-7917	Conrail Crane Car, *98*	49	42 [1]
30-7918	Amtrak Crane Car, *99*	49	40 [1]
30-7919	Nickel Plate Crane Car, *99*	49	44 [1]
30-7920	Conrail Bunk Car, *99*	39	25 [1]
30-7921	C&NW Rotary Snow Plow, *99*	59	55 [1]
30-7922	CN Rotary Snow Plow, *99*	59	55 [1]
30-7924	NP Dump Car w/ Operating Bay, *99*	39	35 [1]
30-7925	Chessie Dump Car w/ Operating Bay, *99*	39	35 [1]
30-7926	Conrail Searchlight Car, *99*	39	30 [1]
30-7927	Amtrak Searchlight Car, *99*	39	35 [1]
30-7928	RailKing Crane Car, *99*	49	65 [1]
30-7929	GN Rotary Snow Plow, *99–00*	59	CP [1]
30-7930	SP Rotary Snow Plow, *99–00*	59	60 [1]
30-7931	UP American Crane Car, *99–00*	49	CP [1]
30-7932	PRR American Crane Car, *99–00*	49	CP [1]
30-7933	Chessie Searchlight Car, *00*	39	32 [1]
30-7934	Conrail Dump Car w/ Operating Bay, *00*	39	32 [1]
30-7935	CNJ Crane Car, *00*	49	40 [1]
30-7936	NYC Searchlight Car, *00*	39	32 [1]
30-7937	PRR Searchlight Car, *00*	39	33 [1]
30-7938	SP Searchlight Car, *00*	39	32 [1]
30-7939	Crane Tender Car, *00*	49	50 [1]
30-7940	NASA Flatcar w/ Operating Helicopter, *00*	59	48 [1]
30-7941	NYC Dump Car w/ Operating Bay, *00*	39	32 [1]
30-7942	Red Cross Flatcar w/ Operating Helicopter, *00*	59	48 [1]
30-7943	WP American Crane Car, *00*	49	CP [1]
30-7944	Erie American Crane Car, *00*	49	CP [1]
30-7945	EL Heavy Duty Snow Plow, *01*	39	CP [1]
30-7946	B&M Heavy Duty Snow Plow, *01*	39	CP [1]
30-7947	B&M Crane Car, *01*	49	CP [1]
30-7948	PRR Crane Car, *01*	49	CP [1]
30-7949	PRR Crane Tender Car, *01*	39	CP [1]
30-7950	B&M Crane Tender Car, *01*	39	CP [1]
30-7951	PRR Dump Car w/ Operating Bay, *01*	39	CP [1]

RAILKING • 30-7952 – 30-9002   MSRP   LN Cond/$

		MSRP	LN Cond/$
30-7952	WP Dump Car w/ Operating Bay, *01*	39	CP ____¹
30-7953	Chessie Crane Tender Car, *01*	39	CP ____¹
30-7954	Alaska Heavy Duty Snow Plow, *01*	39	CP ____¹
30-7959	WP Log Dump Car, *01*	49	CP ____¹
30-7960	Maine Central Log Dump Car, *01*	49	CP ____¹
30-7961	Alaska Rotary Snow Plow, *01*	59	CP ____¹
30-7962	UP Rotary Snow Plow, *01*	59	CP ____¹
30-8001	B&O Die-cast Hopper, *99*	44	40 ____¹
30-8002	LV Die-cast Hopper, *99*	44	35 ____¹
30-8003	PRR Die-cast 4-bay Hopper, *00*	44	CP ____¹
30-8101	Shell Die-cast Tank Car, *99*	44	35 ____¹
30-8102	D&RG Die-cast Tank, *99*	44	35 ____¹
30-8103	PRR Die-cast Tank Car, *00*	49	45 ____¹
30-8104	NYC Die-cast Tank Car, *01*	49	CP ____¹
30-8105	Chessie Die-cast Tank Car, *01*	49	CP ____¹
30-8106	T&P Die-cast Tank Car, *01*	49	CP ____¹
30-8201	UP Die-cast Gondola, *99*	44	35 ____¹
30-8202	B&M Die-cast Gondola, *99*	44	35 ____¹
30-8203	Burlington Die-cast Gondola Car, *01*	49	CP ____¹
30-8204	Reading Die-cast Gondola Car, *01*	49	CP ____¹
30-8205	B&O Die-cast Gondola Car, *01*	49	CP ____¹
30-8301	AT&SF Die-cast Depressed Center Flatcar w/ Transformer, *99*	44	35 ____¹
30-8302	IC Die-cast Depressed Center Flatcar w/ Transformer, *99*	44	40 ____¹
30-8303	Milwaukee Die-cast Flatcar w/ 1932 Panel Trucks, *99*	49	46 ____¹
30-8304	C&O Die-cast Flatcar w/ 1932 Panel Trucks, *99*	49	48 ____¹
30-8305	NYC Die-cast Searchlight Car, *00*	59	CP ____¹
30-8306	NP Die-cast Searchlight Car, *00*	59	CP ____¹
30-8307	Alaska Die-cast Dep. Center Flatcar, *01*	49	CP ____¹
30-8308	Penn Central Die-cast Depressed Center Flatcar, *01*	49	CP ____¹
30-8309	Conrail Die-cast Dep. Center Flatcar, *01*	49	CP ____¹
30-8401	PRR Die-cast Boxcar, *99*	44	43 ____¹
30-8402	WP Die-cast Boxcar, *99*	44	40 ____
30-8403	NYC Die-cast Boxcar, *01*	49	CP ____¹
30-8404	Rail Box Die-cast Boxcar, *01*	49	CP ____¹
30-8405	B&O Die-cast Boxcar, *01*	49	CP ____¹
30-8501	NYC Die-cast Wood-sided Caboose, *99*	49	40 ____¹
30-8502	C&O Die-cast Wood-sided Caboose, *99*	49	40 ____¹
30-8601	Erie-Lackawanna Die-cast Reefer Car, *99–00*	44	40 ____¹
30-8602	Santa Fe Die-cast Reefer Car, *99–00*	44	40 ____¹
30-8603	Pacific Fruit Die-cast Reefer, *01*	49	CP ____¹
30-8604	B&O Die-cast Reefer, *01*	49	CP ____¹
30-8605	Tropicana Die-cast Reefer, *01*	49	CP ____¹
30-8701	C&O Die-cast Stock Car, *00*	44	40 ____¹
30-8702	UP Die-cast Stock Car, *00*	44	40 ____¹
30-9001	#6 Farm House, *96*	29	21 ____¹
30-9002	#5 Country Church, *96*	29	30 ____¹

RAILKING • 30-9003 – 30-9063

Item	Description	MSRP	LN	Cond/$
30-9003	#4 Country House, *97*	28	24	1
30-9004	Hobby Shop, *97*	39	46	1
30-9005	Passenger Station w/ dual Platforms, *97–00*	79	60	1
30-9006	Passenger Station Platform, *97–00*	19	CP	1
30-9007	#6 Farm House, *97*	29	30	1
30-9008	#4 Country House, *97*	29	25	1
30-9010	Sinclair Oil Refinery, *98*	150	150	1
30-9011	Switch Tower, *98–00*	30	27	1
30-9012	Corner Drug Store, *98*	30	33	1
30-9013	4-Story Building, *98*	40	46	1
30-9014	Passenger Station w/ dual Platforms, *98–00*	79	75	1
30-9015	#4 Country House, *99–00*	29	25	1
30-9016	#6 Farm House, *99–00*	29	25	1
30-9017	Bank, *99–00*	39	29	1
30-9018	Hardware Store, *99–00*	39	30	1
30-9020	O Scale Hellgate Bridge, *99–00*	199	175	1
30-9021	O Scale Hellgate Bridge, *99–00*	199	165	1
30-9022	#334 Dispatch Board, *99–00*	99	90	1
30-9023	Row House #1, *99–00*	24	20	1
30-9024	Row House #2, *99–00*	24	20	1
30-9025	#395 Floodlight Tower, *99–00*	39	40	1
30-9026	#450 Signal Bridge, *99–00*	44	40	1
30-9027	#455 Oil Derrick, *99–00*	79	75	1
30-9028	Oil Pumping Station, *99*	49	45	1
30-9029	#193 Industrial Water Tower, *99–00*	49	45	1
30-9030	RKL Engine Shed, *97–00*	79	CP	1
30-9031	Pennsylvania, Switch Tower, *97–00*	29	25	1
30-9032	Radar Tower, *99–00*	39	35	1
30-9033	Rotary Beacon, *99–00*	39	35	1
30-9034	Original McDonald's, *00*	69	70	1
30-9035	Jewelry Store Corner Building, *00*	39	CP	1
30-9040	Greyhound Bus Station, *00*	99	CP	1
30-9043	Coaling Tower, *00*	149	150	1
30-9044	Undecorated Row House #1, *00*	24	20	1
30-9045	Undecorated Row House #2, *00*	24	20	1
30-9046	Undecorated #6 Farm House, *00*	29	25	1
30-9047	#4 Country House, *00*	29	25	1
30-9048	UP Switch Tower, *00*	39	35	1
30-9049	#395 Floodlight Tower, *00*	39	35	1
30-9050	Passenger Station w/ dual Platforms, *00*	79	75	1
30-9051	Myersville Passenger Station, *01*	49	CP	1
30-9053	O Scale Pedestrian Crosswalk, *01*	49	CP	1
30-9054	Movie Theater, *01*	99	CP	1
30-9056	Auto Parts Store Corner Building, *01*	39	CP	1
30-9057	#5 Country Church, *01*	29	CP	1
30-9058	Grocery 4-Story Building, *01*	39	CP	1
30-9059	#455 Oil Derrick Green, *01*	89	CP	1
30-9060	#193 Industrial Water Tower, *01*	49	CP	1
30-9062	Single Transformer Electric Substation, *01*		NM	1
30-9063	Milk Platform Green, *01*	49	CP	1

RAILKING • 30-9101 – 30-11029

		MSRP	LN Cond/$
30-9101	Sinclair Operating Gas Station, *97*	99	165 ___ 2
30-9102	Operating Firehouse, *97*	129	130 ___ 3
30-9103	Operating Flag, *97–00*	29	27 ___ 1
30-9104	Operating Car Wash, *98*	127	130 ___ 2
30-9105	Operating Drive-in Diner, *98*	129	120 ___ 1
30-9106	Esso Operating Gas Station, *98*	129	110 ___ 1
30-9107	Operating Passenger Station w/ People, *98–00*	49	40 ___ 1
30-9109	Union 76 Operating Gas Station, *99*	129	115 ___ 1
30-9110	Operating Transfer Dock w/ People, illuminated, *98–00*	149	CP ___ 1
30-9111	Operating Freight Platform, *00*	49	50 ___ 1
30-9112	Operating Firehouse, *00*	129	110 ___ 1
30-9113	Citgo Operating Gas Station, *00*	129	120 ___ 1
30-9114	Operating McDonald's, *00*	149	CP ___ 1
30-9116	Undefined Operating Storage Tank, *01*	179	CP ___ 1
30-9117	Undefined Operating Storage Tank Station, *01*	179	CP ___ 1
30-9118	No. 600 Crossing Gate, *01*		NM ___ 1
30-9119	No. 787 Log Loader, *01*	199	CP ___ 1
30-9120	Lamplighter, *01*	149	CP ___ 1
30-9121	Esso Operating Car Wash, *01*	149	CP ___ 1
30-9122	No. 23796 Saw Mill, *01*	89	CP ___ 1
30-11001	#35 Street Lamp set, *98–99*	24	21 ___ 1
30-11002	#58 Lamp set, Single Arc, *98–00*	24	CP ___ 1
30-11003	#64 Highway Lamp set, *98–99*	19	17 ___ 1
30-11005	O Scale Operating Block Signal, *98–00*	29	CP ___ 1
30-11006	O Scale Modern Operating Crossing Signal, *98–00*	49	42 ___ 1
30-11007	O Scale Water Column, *99–00*	19	19 ___ 1
30-11008	#152 Operating Crossing Gate, *99–00*	29	25 ___ 1
30-11009	O Scale Cantilevered Signal Bridge, *99–00*	49	CP ___ 1
30-11009A	O Scale Vertical Signal Lamps, *00*	9	CP ___ 1
30-11010	O Scale Operating Crossing Signal, 4", *99–00*	59	CP ___ 1
30-11011	O Scale Dwarf Signal, *99–00*	24	CP ___ 1
30-11012	O Scale Operating Crossing Gate Signal, *99–00*	59	35 ___ 1
30-11013	O Scale 7-light Block Signal, *99–00*	34	CP ___ 1
30-11014	O Scale Operating Crossing Flasher w/ Sounds, *99–00*	49	35 ___ 1
30-11016	12-piece Figure set #1, *99–00*	19	CP ___ 1
30-11017	#46 Crossing Gate and Signal, *97–00*	59	48 ___ 1
30-11020	O Scale Vertical Signal Lamps, *99–00*	9	CP ___ 1
30-11021	O Scale Flashing Barricades, *00*	9	CP ___ 1
30-11023	O Scale 3-position Semaphore, *00*	39	CP ___ 1
30-11024	O Scale 3-Over-3 Vertical Signal, *00*	44	CP ___ 1
30-11025	O Scale 1-Over-1 Signal, *00*	44	CP ___ 1
30-11026	O Scale Tell Tale, *00*	19	CP ___ 1
30-11027	O Scale Yard Master Tower, *00*	54	CP ___ 1
30-11028	O Scale Water Tower, *00*	59	CP ___ 1
30-11029	12-piece Figure set #2, *00*	19	CP ___ 1

RAILKING • 30-11030 – 33-7601

Item	Description	MSRP	LN Cond/$
30-11030	O Scale PRR Signal Bridge, *00*	49	CP ___ [1]
30-11030A	O Scale Position Light Signal Lamps, *01*	9	CP ___ [1]
30-11031	"O" Lamp set Platform Light, *01*	29	CP ___ [1]
30-11032	"O" Lamp set Street Gooseneck Light, *01*	24	CP ___ [1]
30-11033	"O" Lamp set Street Gas Light, *01*	24	CP ___ [1]
30-11034	"O" Lamp set Triple Park Light, *01*	39	CP ___ [1]
30-11035	O Scale 2-head Target Signal, *01*	49	CP ___ [1]
30-11036	O Scale Vertical Signal, *01*	39	CP ___ [1]
30-11037	Fuel/Water Column set, *01*	29	CP ___ [1]
30-11038	O Scale Modern Dwarf Signal, *01*	24	CP ___ [1]
30-11039	O Scale Floodlight Tower set, *01*	59	CP ___ [1]
30-11040	Sanding Tower, *01*	29	CP ___ [1]
30-11041	Operating Street Clock, Maroon, *01*	29	CP ___ [1]
30-11043	Figure set (120 pieces), *01*	29	CP ___ [1]
30-12001	314 Girder Bridge, *00*	19	CP ___ [1]
30-12002	UP no. 314 Girder Bridge, *01*	19	CP ___ [1]
30-50001	MTH Coal Load, *98–99*	4	4 ___ [1]
30-50002	White Picket Fence set, *98–00*	14	CP ___ [1]
30-50003	MTH Junk Load, *98–99*	6	6 ___ [1]
30-50004	Big Mo Die-cast Trailer, *99–00*	24	CP ___ [1]
30-50005	Bag of Coal, *99–00*	4	CP ___ [1]
30-50007	MTH Steel I-Beam set (8 pieces), *01*	12	CP ___ [1]
30-50008	Log set (8 pieces), *01*	19	CP ___ [1]
30-50009	Greyhound Die-cast Bus, *01*	29	CP ___ [1]
30-76001	McDonalds Flatcar w/ Billboard, *01*	39	CP ___ [1]
30-76002	MTHRRC Flatcar, *01*		CP ___
30-76003	AT&SF Flatcar w/ Bulkheads, *01*	32	CP ___ [1]
30-76004	Army Flatcar, *01*	39	CP ___ [1]
30-76005	UP Depressed Center Flatcar, *01*	32	CP ___ [1]
30-76006	CNW Depressed Center Flatcar, *01*	32	CP ___ [1]
30-76007	Penn Central Flatcar, *01*	34	CP ___ [1]
30-76008	D&RG Flatcar, *01*	34	CP ___ [1]
30-76120	MTH Flatcar w/ yellow Road Grader, *98*	33	33 ___ [1]
33-7201	AT&SF Gondola Car w/ I-Beam Load, *01*	24	CP ___ [1]
33-7202	MILW Gondola Car w/ I-Beam Load, *01*	24	CP ___ [1]
33-7203	Chessie Gondola Car w/ I-Beam Load, *01*	24	CP ___ [1]
33-7204	PRR Gondola Car w/ I-Beam Load, *01*	24	CP ___ [1]
33-7301	D&RG Tank Car, *01*	24	CP ___ [1]
33-7302	CNW Tank Car, *01*	24	CP ___ [1]
33-7303	Chessie Tank Car, *01*	24	CP ___ [1]
33-7304	BNSF Tank Car, *01*	24	CP ___ [1]
33-7401	NYC Single Door Boxcar, *01*	24	CP ___ [1]
33-7402	UP Single Door Boxcar, *01*	24	CP ___ [1]
33-7403	PRR Single Door Boxcar, *01*	24	CP ___ [1]
33-7404	AT&SF Single Door Boxcar, *01*	24	CP ___ [1]
33-7501	PRR 3-bay Covered Hopper Car, *01*	24	CP ___ [1]
33-7502	N&W 3-bay Covered Hopper Car, *01*	24	CP ___ [1]
33-7503	UP 3-bay Covered Hopper Car, *01*	24	CP ___ [1]
33-7504	AT&SF 3-bay Covered Hopper Car, *01*	24	CP ___ [1]
33-7601	NYC Flatcar w/ Road Legends 1960 Corvette, *01*	24	CP ___ [1]

RAILKING • 33-7602 – 33-7804   MSRP   LN Cond/$

		MSRP	LN Cond/$
33-7602	SP Flatcar w/ Road Legends 1957 Chevy, *01*	24	CP _____ 1
33-7603	Chessie Flatcar w/ Road Legends 1960 Corvette, *01*	24	CP _____ 1
33-7604	Burlington Flatcar w/ Road Legends 1957 Chevy, *01*	24	CP _____ 1
33-7701	NYC Stock Car, *01*	24	CP _____ 1
33-7702	CNW Stock Car, *01*	24	CP _____ 1
33-7703	PRR Stock Car, *01*	24	CP _____ 1
33-7704	AT&SF Stock Car, *01*	24	CP _____ 1
33-7801	PRR Wood-sided Caboose, *01*	24	CP _____ 1
33-7802	NYC Wood-sided Caboose, *01*	24	CP _____ 1
33-7803	UP Wood-sided Caboose, *01*	24	CP _____ 1
33-7804	AT&SF Wood-sided Caboose, *01*	24	CP _____ 1

MSRP LN Cond/$

Section 4
MISCELLANEOUS PARTS, TRAINS, AND TOYS

		MSRP	LN	Cond/$
440-500	Z-500 Transformer, *00*	49	45 ____[1]
40-750	Z-750 Transformer, *98–00*	79	47 ____[1]
40-750C	RailKing Controller Set, *01*	39	CP ____[1]
40-1001	RealTrax, 10" Straight Section, *97–00*		
40-1001-4	RealTrax, 10" Straight Track, Hanging Clamshell (4 pieces), *99–00*	14	CP ____[1]
40-1002	RealTrax, O31 Curved Section, *97–00*		
40-1002-4	RealTrax, O31 Curve Track, Hanging Clamshell (4 pieces), *99–00*	14	CP ____[1]
40-1003	RealTrax, Lighted Lockon, *98–00*	4	CP ____[1]
40-1004	RealTrax, O31 Switch (RH), *98–00*	49	CP ____[1]
40-1005	RealTrax, O31 Switch (LH), *98–00*	49	CP ____[1]
40-1006	RealTrax, 90-degree Crossover, *98–00*	19	CP ____[1]
40-1007	45-degree Crossover, *99–00*	19	CP ____[1]
40-1008	RealTrax, Uncoupling Section, *98–00*	29	CP ____[1]
40-1010	RealTrax, O72 Curved Section, *98–00*	4	CP ____[1]
40-1011	RealTrax, Adapter Track Section, *98–00*	7	CP ____[1]
40-1012	RealTrax, 5" Track Section, *98–00*		
40-1012-2	RealTrax, 5" Track Section, Hanging Clamshell (2 pieces), *99–00*	7	CP ____[1]
40-1013	O Scale Steel Arch Bridge, *98–99*	59	CP ____[1]
40-1014	O Scale Bridge Girder, *98–99*	19	CP ____[1]
40-1015	RealTrax Wire Harness, *98–00*		
40-1016	RealTrax, 5" Track Section, *98–00*		
40-1016-2	RealTrax, 5" Track Section, Hanging Clamshell (2 pieces), *98–00*	7	CP ____[1]
40-1017	RealTrax, 4" Track Section, *98–00*		
40-1017-2	RealTrax, 4" Track Section, Hanging Clamshell (2 pieces), *98–00*	7	CP ____[1]
40-1018	RealTrax, 3" Track Section, *98–00*		
40-1018-2	RealTrax, 3" Track Section, Hanging Clamshell (2 pieces), *98–00*	7	CP ____[1]
40-1019	RealTrax, 30" Straight Track Section, *99–00*	9	CP ____[1]
40-1020	RealTrax, O72 Switch (RH), *98–00*	69	CP ____[1]
40-1021	RealTrax, O72 Switch (LH), *98–00*	69	CP ____[1]
40-1022	RealTrax, O31 Half Curve, *98–00*		
40-1022-2	RealTrax, O31 Half Curve, Blister-carded, *98–00*	7	CP ____[1]
40-1023	RealTrax, 8-piece Layout Builder, *99–00*	29	CP ____[1]
40-1024	RealTrax, Lighted Bumper, *99–00*	12	CP ____[1]
40-1025	RealTrax, Figure 8 Layout Builder, *99–00*	49	CP ____[1]
40-1026	RealTrax, Left Hand Track Siding Layout Builder, *99–00*	79	CP ____[1]
40-1027	RealTrax, Right Hand Track Siding Layout Builder, *99–00*	79	CP ____[1]
40-1028	RealTrax, Track Activation Device (I.T.A.D.), *99–00*	19	CP ____[1]

MISCELLANEOUS PARTS • 40-1029– 40-9908   MSRP   LN   Cond/$

Part #	Description	MSRP	LN	Cond/$
40-1029	RealTrax, 10" Insulated Straight Section, *99–00*			
40-1030	45-degree Crossover Track, *99*	19	CP ____	
40-1031	O Steel Arch Bridge, 30", *99–00*	59	CP ____ [1]	
40-1032	O Bridge Girder, *99–00*	19	CP ____ [1]	
40-1033	RealTrax, 24-piece Graduated Trestle System, *00*	29	CP ____ [1]	
40-1034	RealTrax, 4-piece Elevated Trestle System, *00*	14	CP ____ [1]	
40-1035	RealTrax, 8-piece Catenary System, *00*	149	CP ____ [1]	
40-1036	RealTrax, 4-piece Add-On Catenary System, *00*	79	CP ____ [1]	
40-1037	O Gauge Track Activation Device, *96–98*	10	10 ____ [1]	
40-1042	RealTrax, O42 Curved Section, *99–00*		CP ____ [1]	
40-1042-2	RealTrax, O42 Curve Track Section, Blister-carded, *99–00*		CP ____	
40-1043	RealTrax, O42 Switch (RH), *99–00*	49	CP ____ [1]	
40-1044	RealTrax, O42 Switch (LH), *99–00*	49	CP ____ [1]	
40-1045	RealTrax, O42 Half Curve (Bulk), *99–00*		CP ____	
40-1045-2	RealTrax, O42 Half Curve Track, Blister Carded, *99–00*	7	CP ____ [1]	
40-1046	RealTrax, Non-slip Track Pads, *99–00*	4	CP ____ [1]	
40-1054	RealTrax, O54 Curved Track Section, *00*	4	CP ____ [1]	
40-1055	RealTrax, O54 Switch (RH), *00*	59	CP ____ [1]	
40-1056	RealTrax, O54 Switch (LH), *00*	59	CP ____ [1]	
40-1057-2	RealTrax, O54 Half Curve Track, Blister-carded, *00*	8	CP ____ [1]	
40-4000	Z-4000 Transformer, *98–99*	399	320 ____ [1]	
40-4001	Z-4000 Remote Commander System, *99*	79	75 ____ [1]	
40-4002	Receiver, *99*	39	32 ____ [1]	
40-4003	Z-4000 Remote Commander Handheld Remote, *99*	39	35 ____	
40-4034-0A	Chessie F40PH Diesel Locomotive w/ Loco-Sound, *00*		CP ____	
40-9014	Tunnel Portal, Single, *98–00*	14	CP ____ [1]	
40-9015	Tunnel Portal, Double, *98–00*	19	CP ____ [1]	
40-9901	O-31 RealTrax, Layout Design #1, 8' x 4', *99–00*	399	CP ____ [1]	
40-9902	O-31 RealTrax, Layout Design #2, 8' x 4', *99–00*	479	CP ____ [1]	
40-9903	O-31 RealTrax, Layout Design #3, 8' x 4', *99–00*	419	CP ____ [1]	
40-9904	O-31 RealTrax, Layout Design #4, 8' x 4', *99–00*	570	CP ____ [1]	
40-9905	O-31 RealTrax, Layout Design #5, 8' x 4', *99–00*	329	CP ____ [1]	
40-9906	O-31 RealTrax, Layout Design #6, 8' x 5', *99–00*	349	CP ____ [1]	
40-9907	O-31 RealTrax, Layout Design #7, 11' x 6', *99–00*	559	CP ____ [1]	
40-9908	O-31 RealTrax, Layout Design #8, 12' x 6', *99–00*	419	CP ____ [1]	

MISCELLANEOUS PARTS • 40-9909 – 45-1052   MSRP   LN   Cond/$

40-9909	O-31 RealTrax, Layout Design #9, 16' x 8', *99–00*	619	CP	____[1]
40-9910	O-31 RealTrax, Layout Design #10, 16' x 8', *99–00*	499	CP	____[1]
40-9911	O-72 RealTrax, Layout Design #11, 12' x 9', *99–00*	729	CP	____[1]
40-9912	RealTrax, Layout Design #12, *99–00*	489	CP	____[1]
40-9913	O-72 RealTrax, Layout Design #13, 12' x 8', *99–00*	489	CP	____[1]
40-9914	O-31 RealTrax, Layout Design #14, 16' x 8', *99–00*	829	CP	____[1]
45-1001	ScaleTrax, 10" Straight Section, *99–00*			
45-1002	ScaleTrax, O31 Curve Section, *99–00*			
45-1002-4	ScaleTrax, O31 Curved Track, Hanging Clamshell (4 pieces), *99–00*	14	CP	____[1]
45-1003	ScaleTrax, O31 Switch (Left), *99–00*	49	CP	____[1]
45-1004	ScaleTrax, O31 Switch (Right), *99–00*	49	CP	____[1]
45-1005	ScaleTrax, 90-degree Crossover, *99–00*	19	CP	____[1]
45-1006	ScaleTrax, 45-degeee Crossover, *99–00*	19	CP	____[1]
45-1007	ScaleTrax, O54 Curve Section, *99–00*			
45-1007-4	ScaleTrax, O54 Curved Track - Hanging Clamshell (4 pieces), *99–00*	14	CP	____[1]
45-1008	ScaleTrax, O54 Switch (Left), *99–00*	49	CP	____[1]
45-1009	ScaleTrax, O54 Switch (Right), *99–00*	49	CP	____[1]
45-1010	ScaleTrax, O72 Curved Section, *99–00*	4	CP	____[1]
45-1011	ScaleTrax, 3" Track Section, *99–00*	7	CP	____[1]
45-1011-2	ScaleTrax, 3" Track Section, Hanging Clamshell (2 pieces), *99–00*	7	CP	____[1]
45-1012	ScaleTrax, 4" Track Section, *99*	4	CP	____[1]
45-1012-2	ScaleTrax, 4" Track Section, Hanging Clamshell (2 pieces), *99–00*	7	CP	____[1]
45-1013	ScaleTrax, 5" Track Section, *99–00*			
45-1013-2	ScaleTrax, 5" Track Section, Hanging Clamshell (2 pieces), *99–00*	7	CP	____[1]
45-1014	ScaleTrax, 5" Track Section, *99–00*			
45-1014-2	ScaleTrax, 5" Track Section, Hanging Clamshell (2 pieces), *99–00*	7	CP	____[1]
45-1015	ScaleTrax, 22-degree Crossover, *99–00*	19	CP	____[1]
45-1019	ScaleTrax, 30" Straight Section, *99–00*	9	CP	____[1]
45-1020	ScaleTrax, O72 Switch (RH), *99–00*	49	CP	____[1]
45-1021	ScaleTrax, O72 Switch (LH), *99–00*	49	CP	____[1]
45-1025	ScaleTrax Bumper, *01*	15	CP	____[1]
45-1028	ScaleTrax, ITAD, *01*	19	CP	____[1]
45-1033	ScaleTrax, Lockon, *00*			
45-1034	ScaleTrax, O80 Curved Track Section, *99–00*	4	CP	____[1]
45-1035	ScaleTrax, 10" Uncoupling Track Section, *99–00*	19	CP	____[1]
45-1049	ScaleTrax, 30" FlexTrack Section, *01*	9	CP	____[1]
45-1050	ScaleTrax, No. 4 Switch (LH), *01*	59	CP	____[1]
45-1051	ScaleTrax, No. 4 Switch (RH), *01*	59	CP	____[1]
45-1052	ScaleTrax, No. 6 Switch (LH), *01*	69	CP	____[1]

MISCELLANEOUS PARTS • 45-1053 – Toys

		MSRP	LN	Cond/$
45-1053	ScaleTrax, No. 6 Switch (RH), *01*	69	CP	___ [1]
50-1002	Digital Command System (DCS) Remote Control, *00*	129	CP	___
50-1003	DCS Track Interface Unit (TIU), *00*	99	CP	___
50-1011	RailKing I/R Remote Control, *00*	39	CP	___ [1]
50-1012	RailKing I/R Remote Control System, *00*	39	CP	___ [1]
50-1013	RailKing Remote Lockon, *00*	14	CP	___ [1]
60-1045	ProtoSmoke Fluid, *97–00*	9	CP	___ [1]
60-1063	ProtoSmoke Fluid, *97*	100	100	___ [1]
60-1064	25-piece Case 1 oz. Smoke Fluid, *97*	100	100	___ [1]
60-1320	MTH Video, History, *99–00*	9	CP	___ [1]
60-1321	MTH Book, History, *99–00*	29	CP	___ [1]
60-1322	RealTrax Track Layout Software, *99–00*	79	CP	___ [1]

One-Gauge Trains

		MSRP	LN	Cond/$
70-2001-1	Amtrak Dash 8-40B Diesel Engine, *01*	399	CP	___ [1]
70-2002-1	UP Dash 8-40C Diesel Engine, *01*	399	CP	___ [1]
70-2003-1	NS Dash 8-40C Diesel Engine, *01*	399	CP	___ [1]
70-2004-1	CNW Dash 8-40C Diesel Engine, *01*	399	CP	___ [1]
70-2005-1	AT&SF Dash 8-40C Diesel Engine, *01*	399	CP	___ [1]
70-2006-1	AT&SF Dash 8-40B Diesel Engine, *01*	399	CP	___ [1]
70-3001-1	NYC 4-6-4 J-3a Hudson Steam Engine, *01*	799	CP	___ [1]
70-3002-1	UP 4-6-6-4 Challenger Steam Engine, *01*	999	CP	___ [1]
70-3003-1	UP 4-6-6-4 Challenger Steam Engine, *01*	999	CP	___ [1]
70-3004-1	Clinchfield 4-6-6-4 Challenger Steam Engine, *01*	999	CP	___ [1]

Toys

		MSRP	LN	Cond/$
10-1001	Hi-way Henry Operating Tin Toy, *93–97*	300	325	___ [1]
10-1002	Amos & Andy Operating Tin Toy, *93–97*	300	300	___ [1]
10-1003	Kingsbury Fire House & Pumper, *93*	495	310	___ [1]
10-1004	Robby Space Patrol Operating Robot, *93*	500	570	___ [1]
10-1010	Mr. Atomic Toy, *93*	500	490	___ [1]
10-1011	Show Case Mr. Atomic, *N/A*	80	80	___ [1]
10-1014	Mr. Atomic Toy, *93*	500	500	___ [1]

MSRP LN Cond/$

Section 5
CATALOG AND PAPER

		MSRP	LN	Cond/$
AA-1993	Consumer Catalog, "Fall 1993, Dash 8", *93*	—	15	___1
AB-1994	Consumer Catalog, "Spring 1994, Challenger", *94*	—	20	___1
AC-1994	Consumer Catalog, "Fall 1994, Southern Ps-4", *94*		NRS	
AD-1994	Consumer Catalog, "Winter 1994, F3", *94*	—	20	___1
AE-1995	Consumer Catalog, "15th Anniversary, N&W Y6b", *95*	—	20	___1
AF-1995	Consumer Catalog, "Fall 1995, Santa Fe 4-8-4", *95*	—	20	___1
AG-1995	Consumer Catalog, "Winter 1995, NYC Empire State", *95*	—	20	___1
AH-1996	Consumer Catalog, "Spring 1996, C&O Allegheny", *96*	—	20	___1
AI-1996	Consumer Catalog, "Summer 1996, PRR K-4s", *96*	—	15	___1
AJ-1996	Consumer Catalog, "Fall/Winter 1996, NYC J-1e", *96*	—	15	___1
AK-1997	Consumer Catalog, "Spring 1997, UP Big Boy", *97*	—	15	___1
AL-1997	Consumer Catalog, "1997 Volume 1, WVP&P Shay", *97*	—	10	___1
AM-1997	Consumer Catalog, "1997 Volume 2, N&W J", *97*	—	6	___1
AN-1998	Consumer Catalog, "1998 Volume 1, BNSF Dash 9", *97*	—	6	___1
AO-1998	Consumer Catalog, "1998 Volume 2, Blue Comet", *98*	—	20	___1
AP-1998	Consumer Catalog, "1998 Volume 3, SP Daylight", *98*	—	6	___1
AQ-1999	Consumer Catalog, "1999 Volume 1, Camelback", *99*	—	NRS	
AR-1999	Consumer Catalog, "1999 Volume 2, Berkshire", *99*	—	NRS	
AS-1999	Consumer Catalog, "1999 Volume 3, Amtrak F59PH", *99*	—	NRS	
AT-2000	Consumer Catalog, "2000 Volume 1, RailKing", *00*		CP	
AU-2000	Consumer Catalog, "2000 Volume 1, Premier Line", *00*		CP	
AV-2000	Consumer Catalog, "2000 Volume 2, RailKing", *00*		CP	
AW-2000	Consumer Catalog, "2000 Volume 2, Premier Line", *00*		CP	
AX-2000	Consumer Catalog, "2000 Volume 3, RailKing", *00*		CP	
AY-2000	Consumer Catalog, "2000 Volume 3, Premier Line", *00*		CP	
AZ-2001	Consumer Catalog, "2001 Volume I, PRR H10s", 01		CP	
BA-2001	Consumer Catalog, "2001 Volume II, N&W J", 01		CP	

Greenberg's TRAIN SHOWS

Show hours: Saturday and Sunday 10 a.m. to 4 p.m.
Admission: $6 adults, $6 ages 6-12, children under 6 and Scouts in uniform admitted FREE (admission good for both days).

Stop standing in line! Call 1-800-533-6644 to order the 2002 Greenberg's Train Show Annual Pass.

Connecticut
Connecticut Expo Center, Hartford, November 24-25, 2001

Georgia
North Atlanta Trade Center, Norcross, November 10-11, 2001, and February 16-17, 2002

Maryland
Maryland State Fairgrounds, Exhibition Hall, Timonium, December 1-2, 2001, March 16-17 and August 3-4, 2002
The Show Place Arena at the Prince Georges Equestrian Center, Upper Marlboro, February 9-10, 2002

Massachusetts
Shriners Auditorium, Wilmington, December 1-2, 2001, and April 6-7, 2002

New Jersey
South Jersey Expo Center, Pennsauken, November 3-4, 2001, March 9-10 and July 27-28, 2002
New Jersey Convention and Expo Center, Edison, November 17-18, 2001, March 2-3 and August 10-11, 2002

New York
Hofstra University, Physical Fitness Building, Hempstead, September 29-30, 2001
Stony Brook University, Sports Complex, Stony Brook, March 23-24, 2002

Pennsylvania
Pittsburgh ExpoMart, Monroeville, November 10-11, 2001, February 23-24 and July 20-21, 2002
Fort Washington Expo Center, Fort Washington, December 8-9, 2001, and February 16-17, 2002
York Expo Center at the Fairgrounds, York, January 19-20, 2002

Rhode Island
Rhode Island Convention Center, Providence, January 5-6, 2002

Tennessee
Nashville Convention Center, Nashville, February 23-24, 2002

Virginia
Capital Expo Center, Chantilly, December 29-30, 2001, and July 13-14, 2002
Pavilion, Virginia Beach Convention Center, Virginia Beach, January 5-6, 2002

Greenberg's Train Auctions

Auction hours: Preview 8:00 a.m.; auction 9:00; admission FREE
Log onto auction.greenbergshows.com to see the new ONLINE auction catalog

Auction location: Sykesville/Freedom Fire Department, Sykesville, Maryland
October 13, 2001; February 2, April 13, and July 20, 2002

For more information about Greenberg's Train Shows or Greenberg's Auctions, contact Greenberg Shows, Inc., 1393 Progress Way, Suite 907, Eldersburg, MD 21784; phone: 410-795-7447; fax: 410-549-2553; or visit www.greenbergshows.com